岩井克人「欲望の貨幣論」を語る

丸山俊一＋
NHK「欲望の資本主義」制作班［著］

東洋経済新報社

まえがきにかえて

岩井克人が「欲望の資本主義」に出合うとき

丸山俊一

仮想通貨＝暗号資産が生まれ、キャッシュレス化によるデジタル経済が進行、バーチャルな資本主義空間がすべてを飲み込もうとするかに見える今、私たちが考えるべきは？　ＧＡＦＡの影響力が国境を越え、テクノロジー主導の市場のネットワークがこの地球を網の目のように覆う時代の貨幣、市場、資本主義とは？

「やめられない、止まらない。欲望が欲望を生む、欲望の資本主義。」

２０１６年春、このフレーズで幕を開けた企画は大きな反響をいただき、その後新春恒例の番組となりました。さらにスピンオフした「欲望の経済史」「欲望の民主主義」「欲望の時代の哲学」「欲望の哲学史」などさまざまな分野で思考を展開してきましたが、今回はいよいよその核心である特別編として、「欲望の貨幣論」を企画しました。本書は、この番組に端を発し、岩井克人さんのお言葉を中心にあらためてまとめた、『欲望の貨幣論』です。

番組ではジョセフ・スティグリッツ、ジャン・ティロール、トーマス・セドラチェクらの経済学者はもとより、ユヴァル・ノア・ハラリ、マルクス・ガブリエルら世界の知性たちの未公開の言葉も盛り込み多角的に考えていきましたが、その中心で論陣を張っていただいたのが、日本を代表する経済学者・岩井克人さんでした。経済理論において「不均衡動学」を提唱、また『ヴェニスの商人の資本論』『貨幣論』『二十一世紀の資本主義論』『会社はこれからどうなるのか』など、正統的な近代経済学の枠組みにとどまらず、実にさまざまな思想的な問いかけ、考察をされてきた経済学者であり、稀代の教養人です。

中でも1993年の『貨幣論』は、資本主義を駆動する欲望の表象＝貨幣の本質に迫ったラディカルな書であり、まさに文字どおり「急進的」であると同時に「根源的」な書として話題になりました。あれからすでに四半世紀あまり……。岩井さんのラディカルな思考を追いかけるように、グローバル化が進み、テクノロジーが主導する資本主義は大きく変貌し、今や現実が岩井さんの理論を追いかけているようにすら見えます。「欲望の貨幣論」は、まさに今だからこそのテーマです。

貨幣とは何か？　その価値の根拠は？　きわめてシンプルな問いであり、実は答えようとすると、きわめて難しい問いです。資本主義の象徴の価値への問いは、ある意味第一歩であり、同時に究極的な問いとも言えます。アダム・スミス、ジョン・メイナード・ケインズはもちろん、アリストテレス、カントまで引用し、歴史上の知の巨人たちのさまざまな格闘、洞察、知見も交え、今新たに岩井さんが、「貨幣論」を欲望という視点から更新します。

格差、分断が広がり、一望することが難しくなったこの世界。貨幣への過剰な執着が生まれているかと思えば、同時に一方では「おカネが無くなる……」といった声もあります。いよいよねじれ、錯綜する資本主義、さらに言えば近代社会のありようを考えるとき、歴史上の巨人たちの格闘から学べることも多いと思います。

テクノロジーがすべてをけん引していくこの時代に、いっそ「ビッグデータの言うままになるほうが幸せだ」という声も一部の若者たちから聞くこともあります。ＡＩに市場の論理を委ねて、さまざまな意志決定を任せたほうがよいという意見すら耳にします。そうした時代だからこそあらためて、現象の表層ばかりを見て右往左往することなく、深層を見極めることが大事になります。そもそも、貨幣とは？　市場とは？　資本主義とは？　欲望とは？　経済の論理が社会を、世の中の構造を、大きく変えていくことを視野に入れていかねばなりませんし、そうしたダイナミックな時空を超えた思考をすることで可能性が開けるのでしょう。

「アダム・スミスさんは、ここを見逃してしまったんですね。」インタビューの際、歴史上の巨人を「さん」付けで、まるで友人のように語る岩井さんの姿勢に、共感を覚えました。「歴史の偉業」という物語に飲み込まれることなく、時代のテーマと格闘した等身大の人間として、敬意と親しみを込めた「さん」付け。こうした虚心坦懐な姿勢から、今につながるエッセンスを汲み取れるのだと思います。

ケインズさんもカントさんも、時代のもたらす課題にどんなスタンスで臨み、どんな視野を開いたのか？　その可能性と限界は？　大変化の時代だからこそ、そこから考えてみましょう、岩井さんとともに。

欲望の貨幣論は、この問いから始まります。

そもそもおカネとは？

岩井克人「欲望の貨幣論」を語る［もくじ］

まえがきにかえて
岩井克人が「欲望の資本主義」に出合うとき……003

第1章
「ビットコイン」は究極の貨幣か……015
現実が理論に追いついた／貨幣をめぐる二律背反／ビットコインとは何か／ビットコインは貨幣にならない／貨幣とは何か――貨幣商品説の誤り／「無」から「有」を生む貨幣／貨幣法制説の誤り――「六法全書」を開くと／1970年のマリア・テレジア銀貨／貨幣の価値は社会が与える／商品の価値も社会が与える／自己循環論法で成り立つ貨幣の価値／貨幣の抽象化の歴史／究極の貨幣――デジタル通貨／貨幣になれなかったビットコイン／ビットコイン狂騒曲の結末／ナカモト・サトシの夢とハイエクの貨幣発行自由化論

第2章 金融投機と二つの資本主義論……063

アリストテレスとミダス王の神話／お尋ね者ジョン・ロー／貨幣の自己循環論法とローのシステム／ミシシッピ・バブル／ジョン・ローの遺産／二つの資本主義観――新古典派と不均衡動学派／ケインズ革命と新古典派の反革命／フリードマンの投機論／ケインズの「美人コンテスト」／ケインズ対フリードマン／合理性の逆説

第3章 貨幣は投機である……103

おカネは純粋な投機である／恐慌――おカネのバブル／ハイパーインフレ――おカネのパニック／私たちも投機家なのだ／中央銀行の誕生――自由放任主義の限界の学習／ビットコイン資本主義の不可能性

「資本主義」の発見
――アリストテレスと「近代」……119

ポリスの思想家、アリストテレス／ポリスは貨幣を必要とする／貨幣の思想家／「手段」としての貨幣から「目的」としての貨幣へ／無限の欲望――資本主義の発見／近代における無限と古代における無限／ポリスの存立の可能性＝ポリス崩壊の可能性という「逆説」／古代ギリシャは「近代」だった／貨幣と哲学／貨幣のない社会とは／貨幣と民主制、貨幣と悲劇／ふたたび、アリストテレス／グローバル資本主義とアリストテレス

あとがきにかえて
逆説の貨幣、欲望、資本主義……170

岩井克人
Iwai Katsuhito
経済学者／国際基督教大学特別招聘教授、東京大学名誉教授

著書に『ヴェニスの商人の資本論』『貨幣論』
『会社はこれからどうなるのか』『経済学の宇宙』など

まともではな

第1章

「ビットコイン」は究極の貨幣か

現実が理論に追いついた

『貨幣論』という書物を出版したのは1993年でしたが、貨幣についての研究を本格的に始めたのはさらにさかのぼって、1980年代の初め頃でした。それから40年近くも経っていますが、その間、私の貨幣論は、まったく変わっていません。その間に変わったのは、「資本主義社会」のほうです。

資本主義社会の変化については、皆さんが知っているとおりです。「貨幣」の観点からの一番大きな変化は、スイカやパスモのような電子マネーの拡大やスマホ決済の普及、さらにはビットコインのようなデジタル通貨の登場です。私は『貨幣論』の中で、そうした電子情報を使った貨幣についてもかなりのページを割いて論じました。ただ、当時は、商業用のインターネットが生まれたばかりでした。そのインターネット上でデジタル通貨を流通させる試みがすでにいくつか始まっていましたが、どれも失敗していました。私自身も『貨幣論』を書いた直後、その応用として、デジタルな通貨をインターネット上で流通させる方法についての小さな英語論文をインターネット上で発表したこともあります。

ところが、今や、スイカやパスモが日常化し、スマホ決済をする人も増え、ビットコインの価格の乱高下について人々が日常的に話題にするようになっている。つい最近でも、フェイスブックがリブラという名のデジタル通貨の構想を発表し、世間を騒がせています。

いつの間にか、現実の資本主義社会が、私が頭の中で考えていた理論に追いついてきたように思います。

なぜ、現実が理論に近づいてきたのでしょうか？

『貨幣論』とは、「貨幣とは何か？」という、ひどく抽象的な問いをめぐって書かれた書物です。私はその抽象的な問いに答えるために、「純粋な資本主義社会」なるものを想定しました。そして、その中に自分を置き、純粋に理論的に貨幣に関して考えてみたのです。

当時、すでにグローバル化は始まっていましたが、現実の資本主義に対しては、国境をはじめとして、ヒトやモノやおカネの流れを阻害するさまざまな規制がありました。インターネットも広がり始めていましたが、情報通信の技術の発達も道半ばでし

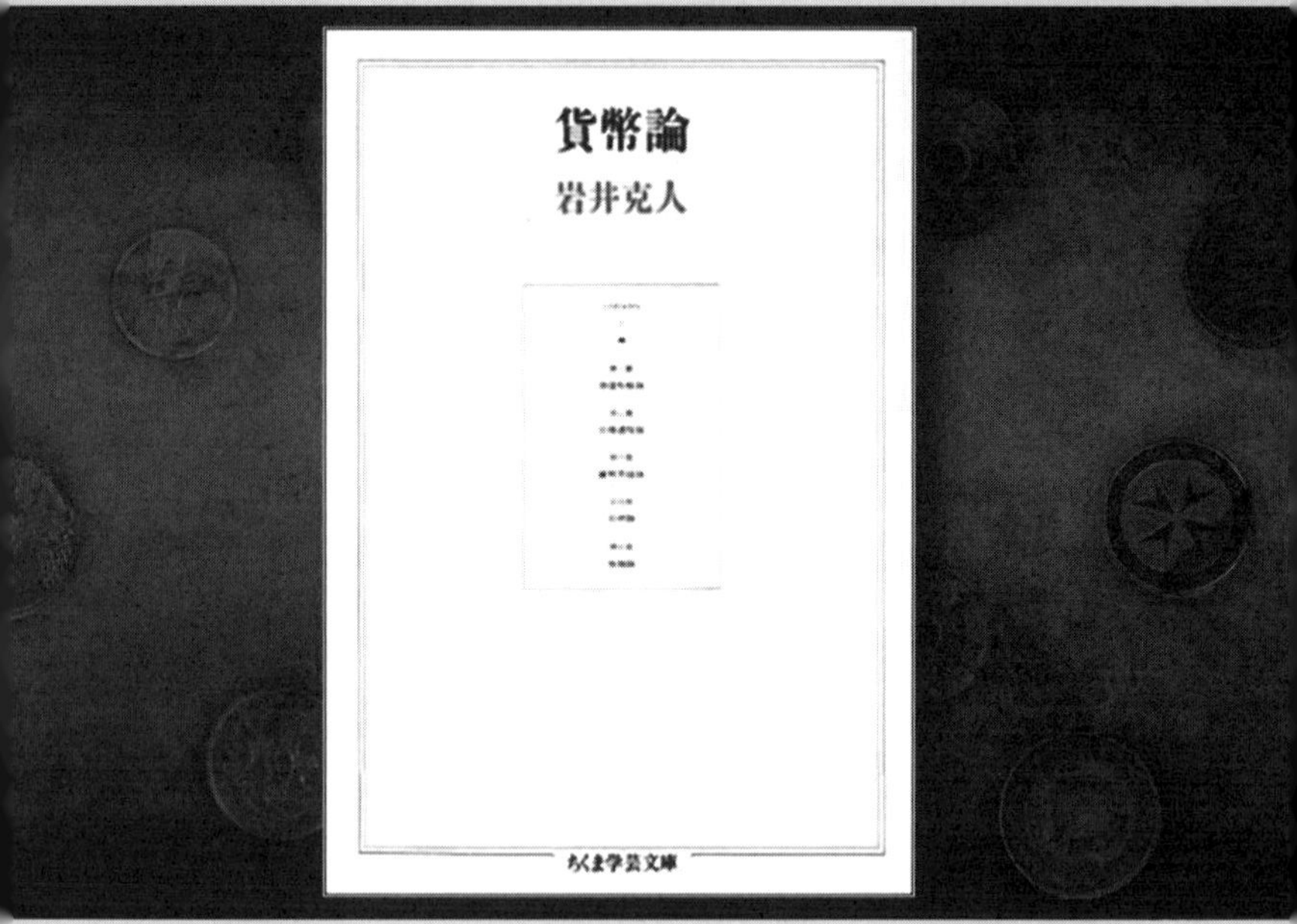
貨幣論
岩井克人
ちくま学芸文庫

た。現実の資本主義と純粋な資本主義との間には、まだ大きなギャップがありました。だからこそ、理論的に考えなければならなかったのです。

ところが、その後のグローバル化の進展は、世界の隅々までを市場で埋め尽くし、地球全体を一つの資本主義社会にしてしまいました。それと並んだインターネットの発達は、グローバルな資本主義社会の中のあらゆる情報を、ほとんど瞬時に、そしてほとんどタダで、あらゆる場所に運ぶことを可能にしました。資本主義社会自体がまさに「純粋化」してきたのです。そして、『貨幣論』で描いていた理論的な世界にどんどんと近づいてきたのです。

貨幣をめぐる二律背反

「貨幣はレヴェラーズだ。」これは、あの『資本論』の中のカール・マルクスの言葉です。「レヴェラーズ」とは「平等派」という意味で、17世紀のイギリスのピューリタン（清教徒）革命のとき、法の下での平等を唱えた急進的な政治グループのことを指しています。法の下の平等とは、人間は生まれや身分や財産の違いにかかわらず、基本的人権を行使する「自由」を持っているということです。「貨幣はレヴェラーズだ」という言葉でマルクスが言おうとしたのは、人間は、法の下だけでなく、おカネの下でも平等であるということです。なぜならば、貨幣を持つことによって、人間は匿名性を得るからです。すなわち、自分のアイデンティティーを消すことができる。たとえば、1万円を持った人間は、身分が違っても、性が違っても、民族が違っても、言語が違っても、同じ1万円の価値があるモノを買えます。それによって、貨幣は、近代以前の社会において人間を縛り付けてきたさまざまな共同体的束縛から、個人としての人間を切り離すという働きをしてきたのです。その意味で、貨幣は近代社会における人間の「自由」に基礎を与えているのです。

だが、もちろん、話はこれでは終わりません。1万円を持った人間同士は、1万円を持った人間として同じ価値のモノが買えますが、100万円を持った人間に比べたら、100分の1のモノしか買えない。貨幣は、人間を身分や性別や民族や言語による差別から自由にする代わりに、所得や資産の「不平等」を生む可能性を持つのです。さらに、後の第2章から第4章を通してくわしく論じようと思いますが、貨幣が人間にあたえる自由そのものが資本主義社会に必然的に「危機」をもたらしてしまい

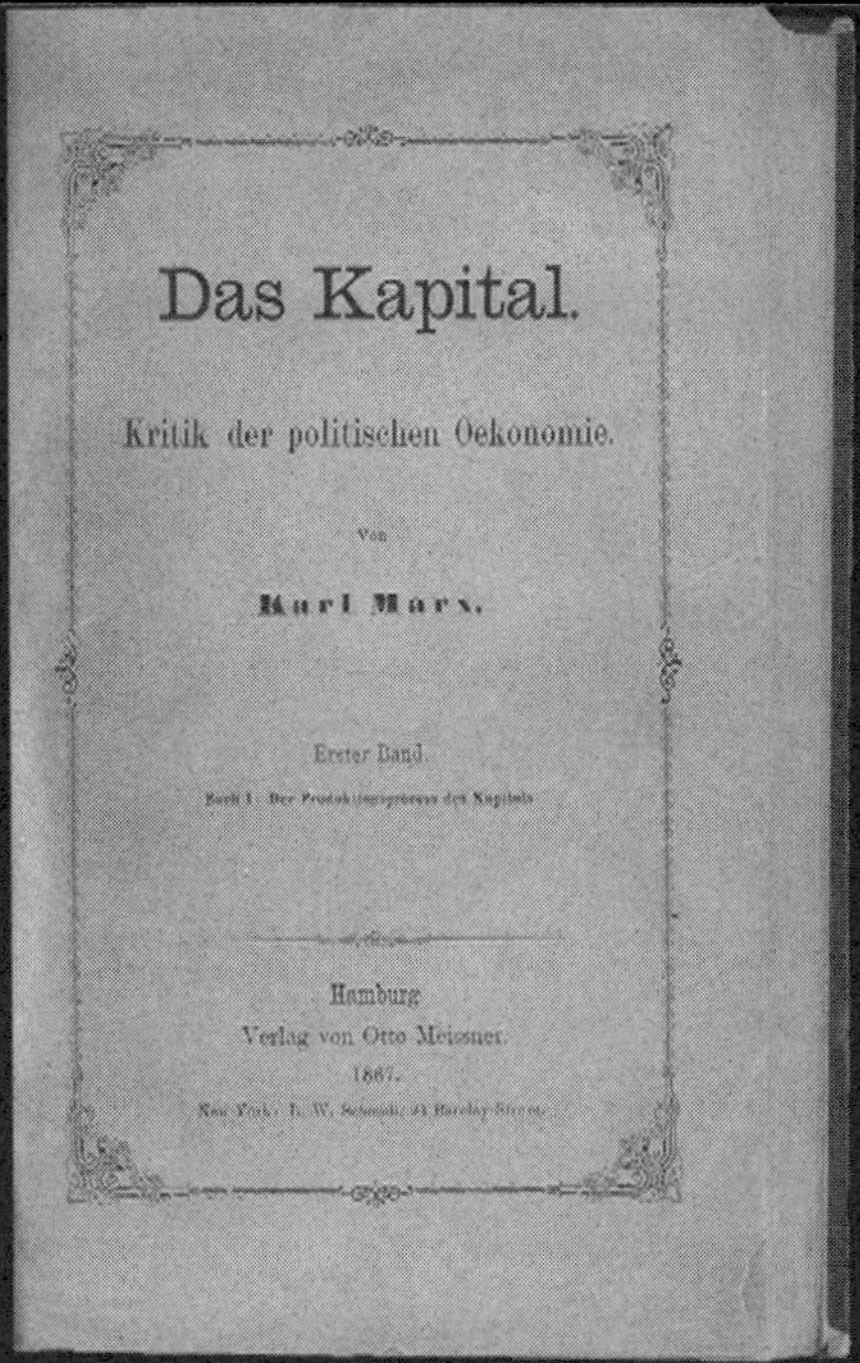
Das Kapital.
Kritik der politischen Oekonomie.
Von
Karl Marx.
Erster Band.
Hamburg
Verlag von Otto Meissner.
1867.

ます。

つまり、貨幣をめぐって個人の「自由」と社会の「安定」は二律背反的なあり方をするのです。

フリードリッヒ・A・ハイエクやミルトン・フリードマンのような自由放任主義者は、資本主義社会の「自由」を強調し、その自由に必然的に伴ってしまう社会の「不安定性」を軽視してしまう。他方、カール・マルクスや社会主義者の場合は、貨幣は自由をもたらすと言いながら、その自由は「ブルジョア的な自由」に過ぎないと切り捨ててしまう。経済危機や所得の不平等のない社会を求めて、貨幣を究極的には排除する社会主義社会を構想したのですが、二兎を同時に追うことはできません。ソビエト連邦や東欧諸国、さらには北朝鮮や文化大革命下の中国など、20世紀に現実化した社会主義国家は、社会主義が必然的に人間の自由を抑圧してしまうことを明らかにしてしまいました。

自由放任主義者も社会主義者も、ともに貨幣に関して十分に思考しなかったのです。

人類は、過去何十万年も貨幣が存在しない共同体的な社会に生きてきたわけですから、人と人の関係が緊密で、社会自体が安定していた古き良き共同体社会に戻りたいという願望を、本能的に持っているはずです。だが、もはやそこには戻れません。近代社会に生まれてしまった私たちは、すでに「自由」を知ってしまったからです。そして、20世紀における社会主義の失敗をすでに学んでしまった21世紀の私たちは、かつての多くの知識人のように、社会主義社会に未来を託すこともできなくなってしまいました。

私たちは、自由が増えれば安定性が減り、安定性を増やすと自由が減ってしまうという、「自由と安定との二律背反」の中で生きて行かざるをえません。そして、自由と安定とが二律背反の関係にあるというこの認識は、現在、ますます重要になっています。それは、貨幣がもたらす自由を極限まで追求していく自由放任主義が主導してきたグローバル化が、先ほど述べたように、資本主義社会を純粋化してしまったからです。そして、いままさにその自由に必然的に伴う経済危機の可能性、そして不平等の拡大がもっとも先鋭的なかたちで現れつつあるからです。

すこし、議論を先走りさせてしまったようです。貨幣について、もっとくわしく話す必要があります。

ビットコインとは何か

「ビットコイン」とは、ナカモト・サトシと名乗る人物が2008年に提唱した「分散化された仮想通貨」のことです[1]。ナカモト・サトシとは、日本の漫画の主人公の名前ですが、本人は日本人ではないと思います。その翌年に、ビットコインが実際に発行されました。

「仮想通貨」とは何か。簡単に言いますと、0011010111100000010……というような数字の連なりです。数字の連なりを暗号にして――暗号にしないと盗まれるので――そして数字そのものを貨幣として流通させる。500円玉の場合は金属のかけら、1万円札の場合は紙切れですけれども、紙切れや金属のかけらといったモノではなく、「数字」そのものを「貨幣」として流通させる試みです。モノとしての実体性を持っていないので「仮想通貨」と呼ばれるのです。

また、ビットコインのことを「分散化」された仮想通貨と言いましたが、分散化されたというのはどういう意味でしょうか？　第1に、ビットコインの発行を国家や中央銀行ではなく、任意の民間のグループが行ってしまうことです。第2に、貨幣には、常にニセ金問題がつきまといますが、500円玉や1万円札といった現金の場合は、発行している日本政府や日本銀行がギザギザを入れたり透かしを入れたり通し番号を印刷したりして、ニセ金を防ごうとしていますし、民間の金融機関もニセ金に対して常に目を光らせている。さらに、法律によってニセ金造りを脅しています。かつては通貨偽造罪は磔《はりつけ》や打ち首の極刑でしたし、いまでも無期懲役になりうるほどの重罪です。

ところが、ビットコインの場合、使われた暗号がニセ金でないことのチェックを、国家や中央銀行や通常の金融機関にまかせずに、ビットコインを使っている仲間同士だけで行うという仕組みをつくり上げようとしています。じつは、数字をおカネとして使うときには、硬貨や紙幣とは異なる新たなニセ金問題が生まれます。500円玉や1万円札でモノを買うとき、私たちは500円玉や1万円札を売り手に渡しますから、おなじおカネを2度使えません。ところが、おカネが数字の場合、売り手にその数字を渡しても、私の頭の中にはその数字が残っています。いや、私が記憶力が悪くても少なくとも私のスマホやコンピューターは数字を覚えてくれています。数字とは本物もそのコピーもまったく同じものですから、私はそのおカネを2度も3度も使うことができてしまうのです。もちろん、2度目、3度目に私が使う数字はニセ金です。仮想通貨に固有のこのニセ金問題は、「二重支払い問題」と呼ばれています。ということは、仮想通貨の場合、それが使われるごとに、その数字が二重支払いでないことをチェックしなければならないのです。

ナカモト・サトシは、ビットコインの二重支払いを防ぐために、「ブロックチェーン」という仕組みを採用しています。日本語では分散台帳と呼ばれ、どのビットコインについても過去の取引をすべて暗号化して鎖のようにつなげて記録したもので、市場参加者が共有します。そして、新たにビットコインを使った取引が行われたときに、そのブロックチェーンが二重支払いではないかをチェックするためには、「ハッシュ問題」と呼ばれる膨大な計算問題を解かなければならないように工夫しています。取引があるごとに、ヨーイ・ドンで、多数のビットコイン使用者がコンピューターでこのハッシュ問題を解く競争をし始めるのです。そして、一番早く解いた人には、新たなビットコインをご褒美として与えることにしています。すなわち、ニセ金のチェックすら、国家や中央銀行を排除し、まさに利潤動機にもとづく自由競争原理を利用しているのです。本当に、巧妙な仕組みです。

ビットコインは貨幣にならない

ビットコインの誕生から10年が経過しましたが、私はその誕生時から興味があってフォローしていました。そのとき少しでもよいから買っておけば、その後大きく値上がりしましたから、今ごろ大金持ちだったはずですが、100円すら投資せずに、単に研究目的でホームページなどを見ていただけでした。ただ、それによって、自分の利益とまったく関係ない自由な立場でビットコインを分析することができました。そういう関係もあって、ビットコインに関してよく質問を受けます。その質問をいくつか紹介します。

第1に、よく出る質問は、「ビットコインなどの〈仮想通貨〉の普及は、貨幣のない社会を招来するのではないか?」というものです。

事実、このようなことをまことしやかに喧伝する人物は、あとを絶ちませんが、私の答えは断固「NO」です。なぜかというと、この質問は「現金(キャッシュ)」と「貨幣（マネー）」を混同するという、初歩的な間違いをしているからです。たしかに、1万円札や500円玉のような現金は将来なくなるかもしれません。日本はまだまだ現金王国ですが、じっさい、スカンジナビア諸国のように、現金がどんどん使われなくなっている国はかなりあります。でも、それは現金の代わりにさまざまな形の仮想通貨が貨幣になるだけであって、貨幣がない世界になるのではありません。キャッシュレス社会はマネーレス社会ではありません。いや、逆に、キャッシュレスになることによって、ますます貨幣の使い勝手がよくなるだけなのです。

第2に、「ビットコインは新しい貨幣か」という質問をよく受けます。

私の答えは、やはり「NO」。『貨幣論』から見れば、ビットコインは貨幣としてはまったく新しくありません。もし何か新しいところがあるとすれば、それはブロックチェーンという技術を使っていることです。

第3に、「ビットコインはいつか本当に貨幣として使われるようになるのか？」という質問もよく受けます。

私は、2016年ごろまでは、ひょっとしたら貨幣になるかもしれないと思っていましたが、今では、ビットコインは貨幣になる可能性を99％失ったと思っています。

ですから、この問いに対しても私の答えは「NO」です。

なぜこれらの質問に対して私が「NO」と答えたかを説明するためには、そもそも「貨幣とは何か」というところから、話をしなければなりません。ただ、「仮想通貨の普及は、貨幣のない社会を招来するのではないか？」という最初の質問には、すでに答えを与えているので、無視しておきます。

貨幣とは何か——貨幣商品説の誤り

太陽の下、この世には何も新しいものはありません。

いま私が手に持っているのは、紀元前6世紀の古代ギリシャのアテナイで使われていたドラクマ硬貨です。残念ながら、本物ではなく複製品ですが、それでもキラキラ輝いています。古今東西、金銀はその神秘的な輝きが多くの人を魅了してきた貴重品で、宗教的な儀式のための道具や権力者やお金持ちが身につける装飾品の材料として使われてきました。そして、古今東西、多くの人は、金銀がおカネとして使われるのは、それが多くの人が欲しがる貴重なモノ、多くの人が手に入れたがる価値の高い商品だからと説明してきました。この説明は、「貨幣商品説」とか「貨幣物品説」とか呼ばれます。

かつては、貨幣商品説は多くの経済学者に信じられていました。だが、これはまったくの間違い。トンデモ説です。もちろん、今では、頑迷固陋《ころう》な保守主義者やマルクス経済学者以外には、支持する人はいません。なぜならば、500円玉は、モノとしては小さな銅の切れ端です。ネジ回しの代わり以外には使い道が見当たりません。1万円札は、モノとしては吹けば飛ぶような1枚の紙切れです。山羊でもないかぎり、食べることもできません。いずれもモノとしてはほとんど何の価値も持っていません。

でも、そういうと、金銀が神秘的にキラキラ輝く貴金属のまま貨幣として使われていた太古の時代には、貨幣商品説は正しかったのではないかという人もいるでしょう。いや、いまだにほとんどの人がそう信じていると思います。だが、残念ながら、その太古の時代ですら、貨幣商品説はトンデモ説だったのです。そのことは、簡単に「証明」できます（私自身、この驚くべきほど簡単な「証明」を見いだすまでに、40年近くかかりました）。

今私が手に持っているのは複製品ですが、本物のドラクマ硬貨は、当時4ドラクマという価値で流通していました。ここで、この硬貨を溶かして、キラキラ輝く装飾品にすると8ドラクマの価値があったとしたら、どうなったでしょう。もちろん、古代ギリシャの人々はみんな、手に持っている硬貨を溶かして8ドラクマの価値のある装飾品にしてしまったはずです。装飾品としては8ドラクマの価値がある貴重な金銀を、4ドラクマの価値のおカネとして、4ドラクマの価値しかないつまらない商品と交換にほかの人に手渡すようなバカなことはしません。おカネとは古代ギリシャから現代の日本にいたるまで、「天下の回りもの」ですが、このとき、すべてのドラクマ硬貨は溶かされて装飾品として使われてしまい、「天下の回りもの」にならなくなったはずです。

おカネの価値は、太古の昔においてすら、モノの価値には還元できなかったのです。4ドラクマ硬貨がいかに神秘的に輝く金や銀でできていたとしても、その貴金属としての価値は、4ドラクマよりは低かったはずなのです。それだからこそ、人々は、4ドラクマ硬貨を貴金属としては使わずに、4ドラクマの価値の商品と引き換えに他人に手渡したのです。それで初めてドラクマ硬貨は、「天下の回りもの」である貨幣として、人から人へと手渡されていったのです。もちろん、金貨や銀貨以前に金や銀それ自体がおカネとして流通していたときでも、同じことが言えます。すなわち、以下に述べるおカネについての「基本定理」が証明されたというわけです。

「あるモノがおカネとして流通しているときには、おカネとしての価値はモノとしての価値を必ず上回っている。」

もう少し簡略化すると、こう書けます。

「おカネのおカネとしての価値　＞　おカネのモノとしての価値」

そして、これは、貨幣商品説の完全な否定にほかなりません。

「無」から「有」を生む貨幣

いま私のポケットの中の財布には500円玉がいくつか入っています。財布から取り出して見てみると、複雑なしるしがいろいろついていますが、結局は、銅と亜鉛とニッケルの合金でできた、安っぽい金属でしかありません。先ほど言ったように、モノとしてはネジ回しの代わりぐらいにしか使えません。いやネジ回しには大きすぎるかもしれません。そして、その製造費用もおそらく50円以下です。でも、私は、500円の価値のあるおカネとして、大切に財布に入れていました。

ここでも当然、基本定理が成り立っています。物理的なモノとしては価値が50円もしない金属のかけらが、おカネとしては500円という価値を持つ。なんとその差は450円以上もある。ちょっと大袈裟に言うと、無から有が生まれるという不思議なことが、おカネには起こっているのです。マルクスの言葉を借りれば、貨幣とは「形而上学的な不思議さに満ち満ちた存在」に見えます。

おカネとはモノの価値に還元できない価値を持つという基本定理は、古今東西、多くの人にとって不可解であったはずです。そして、古今東西、それを否定するためにおカネに関してはさまざまな珍説や俗説が登場してきたのです。私自身も、無から有を生むこの貨幣の秘密を知りたいと思って、貨幣についての研究を始めました。

でも、こう言うと、「でも、1万円札や500円玉は法律でおカネとして指定されているのではないでしょうか？」と言う人がいると思います。おカネがおカネとしての価値を持つことの理由を、モノとしての価値ではなく、国家の権力や王様の権威や共同体の取り決めなどに見いだそうとしたのが、「貨幣法制説」あるいは「貨幣法定説」です。国家や王様や長老が法律や命令や口伝えで貨幣として使えと定めたから、おカネはおカネとして流通するという説です。

今日では、貨幣商品説に代わって、この貨幣法制説が経済学者の間での通説になっています。いま一世を風靡している現代貨幣理論（ＭＭＴ）は、まさにこの貨幣法制説に全面的に依拠しています。そして、面白いことに、ビットコインなどの分散化された仮想通貨は、政府や中央銀行を排除することによって、まさにこの貨幣法制説に対して反逆しようとしているのです。

貨幣法制説の誤り――「六法全書」を開くと

しかしながら、いくら通説であろうとも、『貨幣論』から見れば、貨幣法制説も正しくありません。

六法全書を開くと、「通貨の単位及び貨幣の発行等に関する法律」という法律が見つかります。驚くべきことに、その第7条にはこう書かれています。

「貨幣は額面価格の二十倍までを限り、法貨として通用する。」

この法律で貨幣と呼ばれているのは100円玉や500円玉などの硬貨のことですが、私もこの条文を初めて読んだときは驚きました。つまり、法律では、私が手に持っている500円玉は20個までしか貨幣として定められていない。40個集めて、2万円の買い物をしようとしても、21個目からは法律上はおカネではなく、単なる銅と亜鉛とニッケルの合金でしかないのです。ですから、お店のほうは21枚目以上はおカネとして受け取る必要はありません。つまり、法律上は、21枚目からの500円玉は貨幣としての効力を失うのです[2]。

でも、実際はどうでしょう。もちろん、1円玉が1000枚入っている袋をお店に持っていって1000円の買い物をしようとしたら、お店がいやがることもあるでしょう。でも、500円玉40枚で2万円の支払いをしようとしても、日本中どこでも断られることはないと思います。法律上の効力はなくても、現実には、21枚目以上の500円玉もれっきとした貨幣として流通しているのです。つまり、ここですでに「貨幣法制説」は破れているのです。

ただ、おカネに関してはもう一つ「日本銀行法」という法律があり、その第46条には、「日本銀行が発行する銀行券は、法貨として無制限に通用する」と書いてあります。ここで「銀行券」と呼ばれているのは、いわゆる紙幣のことですから、1000円札や1万円札などは、何十枚でも何百枚でも法律上はちゃんと貨幣として定められていることになります。ですから、100円玉や500円玉に関する法律だけを根拠に貨幣法制説が破綻していると断定するのは、言い過ぎではないか。そう考える人もいると思います。もっともです。そこで、もっと良い例をお話ししようと思います。

1970年のマリア・テレジア銀貨

それは、1741年に、オーストリアで発行されたマリア・テレジア銀貨のことです。私もここに1枚持っていますが、これも残念ながら複製品だと思います。その表の面に刻印されているいかつい女性の肖像は、マリア・テレジア。オーストリアの実質的な「女帝」でした。16人も子供を産んでいるのですが、その1人は、フランスのルイ16世と結婚し、フランス革命のとき、ギロチンにかけられてしまったあのマリー・アントワネットです。オーストリアは、当時、ヨーロッパではもっとも由緒あるとされたハプスブルク家が支配した大帝国です。マリア・テレジア銀貨は、当時の

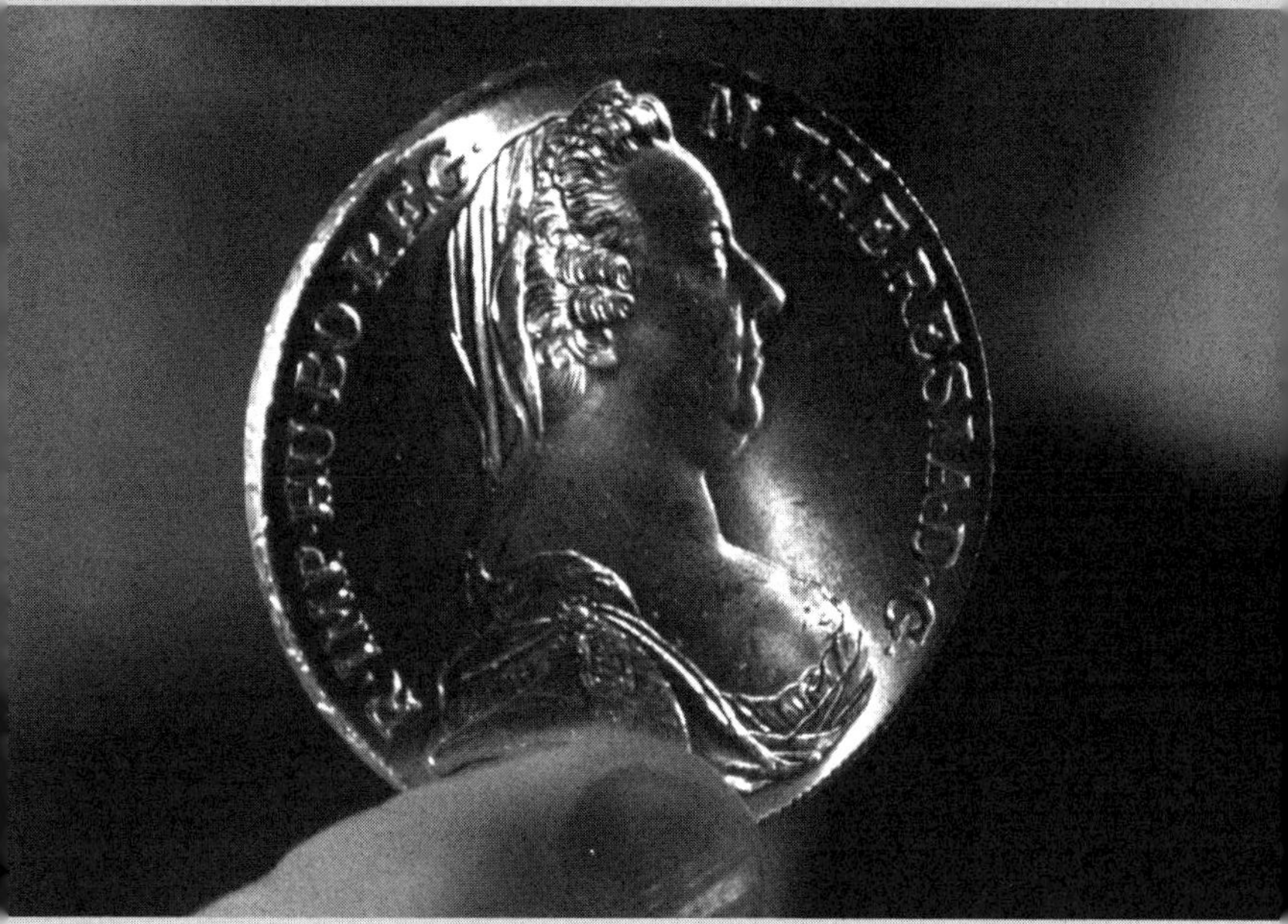
IMP·HU·BO·REG· M·THERESIA·D·G·

欧州の最強国の女帝が、その権威を背景に発行した貨幣ですから、まさに貨幣法制説の独擅場のように見えます。

しかし驚くべきことに、マリア・テレジア銀貨はオーストリアを超えてヨーロッパ全土で流通し、さらには時代を超えて、中東や東アフリカで使われ続けました。そして、なんとエチオピアのカファ地方では発行から230年近く経った1970年代まで、もっぱらコーヒーの取引のための貨幣として流通していたのです。カファ地方とは名前が示唆するようにコーヒーの原産地です。

マリア・テレジアは1780年に亡くなっています。ハプスブルク家が支配した帝国も1918年に滅んでしまいました。それにもかかわらず、マリア・テレジア銀貨は長く長く流通し続けたのです。それは、貨幣が貨幣として流通するためには、君主の命令や国家の法律は必ずしも必要がないということを事実で示しています。つまり、私がいま手に持っているこのマリア・テレジア銀貨とは、貨幣法制説は正しくないということの歴史的な証拠物であるのです。

貨幣の価値は社会が与える

これでまた、話が振出しに戻ってしまいました。５００円玉に５００円の価値があるのはなぜなのか、という問いをもう1度問いかけなければなりません。そして、この問いが、私の『貨幣論』の出発点です。

では、なぜ私はこの金属のかけらを５００円の価値ある貨幣として受け取るのでしょうか？　もちろん、私がモノとして欲しいからではありません。さらに、国がこれをおカネとして使えと命令しているからでもありません。これが21枚目の５００円玉でしたら、とりわけそうです。いや、1枚目の５００円玉であっても、私は受け取らなくても牢屋に入れられることはありません。

答えは簡単です。私が５００円玉を５００円の価値を持つおカネとして受け取るのは、「ほかの人」がそれを５００円の価値あるおカネとして次に受け取ってくれると思っているからです。「ほかの人」がそれを受け取って、代わりに５００円の価値のモノを渡してくれると思っているからです。この場合、「ほかの人」といっても、特定のだれかではありません。日本社会に住んでいるほとんどすべての人のことです。田中さんも、渡辺さんも、安部さんも、キムさんも、スミスさんも、それを受け取って、代わりに500円の価値のモノを渡してくれるからです。すなわち、おカネの価値とは、この「私」が与えるのではない。国が与えるのでもない。「ほかの人」が与えてくれるのです。いや、もっと広く、「社会」が与えてくれるのです。

「貨幣の価値は社会が与える。」

この命題の重要性は、いくら強調しても強調しすぎることはありません。事実、古今東西、貨幣に関して少しでも意味のある研究をした人は、すべてこの命題に達しています。たとえば、カール・マルクス。マルクスの『資本論』の冒頭の部分に「価値形態または交換価値」と題された一節があります。(3) 俗に「価値形態論」と呼ばれるこの節は、マルクスが書いたもっとも重要な文章の一つです。そして、その「価値形態論」が最終的に達した結論は、まさに右の命題なのです。また、マルクス経済学に対立する学派として、1870年代に新古典派経済学が誕生しました。新古典派経済学は、現在の経済学の主流派となっていますが、その創始者の1人がカール・メンガーというオーストリアの経済学者です。同じオーストリア人であったフリードリッヒ・ハイエクの自由放任主義思想に大きな影響を与えています。このメンガーが貨幣に関する研究で最終的に到達したのも、まさに右の命題です。(4)

商品の価値も社会が与える

しかしながら、「貨幣の価値は社会が与える」という命題は、マルクスやメンガーの貨幣理論の到達点であると同時に、その限界点でもあるのです。事実、彼らの貨幣理論は、この命題から先に進めませんでした。だが、ここで分析を止めてしまうと、貨幣の本質をまったく見失ってしまうことになります。

なぜならば、貨幣だけでなく、資本主義社会では、すべての「商品」の価値も社会が与えているからです。たとえば、いま私が飲んでいる缶コーヒー。缶コーヒーの価値は、一体だれが決めているのでしょう。生産者側から考えてみましょう。生産者は缶コーヒー1缶にたとえば100円の価値があると考えて、生産して売っています。では、なぜ、100円の価値があると考えるのか。もちろん、それは生産者自身が

100円を払ってその缶コーヒーを飲みたいと思っているからではありません。生産者はそれを何万本も作っているわけです。1本や2本、まあ、5本ぐらいは我慢して飲めるかもしれませんが、100本も飲めば死んでしまうでしょう。生産者が缶コーヒーに100円の価値があると考えるのは、沢山の「ほかの人」がそれを100円で買ってくれるからです。つまり、缶コーヒーという「商品」の場合も、生産者にとっては、「ほかの人」、さらにはもっと広く「社会」が価値を与えているということです。言い換えると、

「資本主義社会においては、貨幣の価値だけでなく、すべての商品の価値も、社会によって与えられる。」

ですから、おカネの価値は社会によって与えられると言うだけでは、貨幣と商品を区別することはできないのです。マルクスの場合は「貨幣は商品である」と宣言をして、価値形態論を終えてしまいました。メンガーの場合も「貨幣はもっとも多くの人が欲しがっている商品である」という結論で研究を終えてしまいました。ともに、「貨幣とは何か?」という問いには、きちんと答えてはいないのです。

自己循環論法で成り立つ貨幣の価値

では、貨幣と商品とはどこが違うのでしょうか？

その違いは、たとえば缶コーヒーという商品を買ってくれる「ほかの人」と500円玉という貨幣を受け取ってくれる「ほかの人」に、それぞれ、「あなたはなぜ缶コーヒーに100円の価値があると思っているのですか？」という質問と「あなたはなぜ500円玉に500円の価値があると思っているのですか？」という質問を投げかけたら、直ちに明らかになります。

たとえば缶コーヒーの場合、「ほかの人」は「私はコーヒーを飲みたいからだ」と答えるはずです。確かに生産者にとっての缶コーヒーの価値は、自分ではなく「社会」が与えているのですが、実際に缶コーヒーを買った消費者からすると、その価値はコーヒーに対する「欲望」が決めています。その消費者にとって、1本の缶コーヒーは、眠気を覚ますために、あるいはのどの渇きをいやすために、100円を支払っても欲しいモノなのです。つまり、商品の価値とは、それをモノとして消費する人の「欲望」という実体的な根拠があるのです。

缶コーヒーのような消費財ではなく、コーヒー豆のような原材料やコーヒーメーカーのような器械の場合は、購買者はそれ自体をモノとして欲しいわけではありませんが、最終的には、その価値もいくつかの生産過程を経て作り出されるコーヒーを直接飲む人の欲望が決めることになります。

これに対して、私の500円玉を受け取ってくれる「ほかの人」に、「なぜ500円玉を500円の価値があると思っているのですか?」と聞いたら、缶コーヒーの場合とはまったく異なった答えが返ってくるはずです。その「ほかの人」も、「私はモノとして500円玉を欲しいからではありません、『ほかの人』がそれを500円の価値あるおカネとして受け取ってくれると思っているからです」と答えるはずです。そして、さらに、その「ほかの人」にとっての「ほかの人」に、「なぜ500円玉を500円の価値があると思っているのですか?」と聞いてみましょう。すると、その人もまったく同じ答えをするはずです。「ほかの人」の「ほかの人」の「ほかの人」の……「ほかの人」に、次々と聞いていっても、同じ答えしか返ってきません。この問答は、永遠に続きます。

おカネの場合は、どこまでいっても、モノに対する人間の欲望に行き着くことはありません。だれに聞いても、「ほかの人が500円の価値がある貨幣として受け取ってくれるから、私も500円の価値がある貨幣として受け取るのです」と答えるだけなのです。だれもが、「ほかの人が貨幣として受け取ってくれるから、私も貨幣として受け取るのです」と答えるのです。この答えをすこし縮めて言い直すと、「貨幣とはだれもが貨幣として受け取るからだれにとっても貨幣なのである」ということになります。さらに、この文章を受け身に直すと、「貨幣とは貨幣として受け取られるから貨幣なのである」ということです。思い切って縮めてしまうと、以下になります。

「貨幣とは貨幣であるから貨幣である。」

これは、「自己循環論法」です。木で鼻をくくったような言い回しで申し訳ないのですが、別に奇をてらっているわけではありません。真理を述べているのです。貨幣の価値には、人間の欲望のような実体的な根拠は存在しません。それはまさにこの「自己循環論法」によってその価値が支えられているのです。そして、この「自己循環論法」こそ、貨幣に関するもっとも基本的な真理です。最初に提示した、なぜ500円玉には500円の価値があるのかという問いに対する、究極の答えにほかなりません。

これで、おカネの謎が解けたことになります。それは、じっさいは、形而上学的でも謎でも何でもないのです。

貨幣の抽象化の歴史

最初に、「おカネのおカネとしての価値」＞おカネのモノとしての価値」という貨幣に関する基本定理を証明しておきました。それは、結局、「貨幣とは貨幣であるから貨幣である」という貨幣の自己循環論法から導きだされた定理にほかなりません。

貨幣が貨幣として人から人へと手渡されていくのは、人々がそれをモノとして欲しいからではありません（国が命令しているからでもありません）。単に、貨幣として人から人へと手渡されていくからにすぎません。いや、「基本定理」が示したように、モノとしての貨幣のほうがそれと交換に手に入るモノよりも欲しいモノならば、だれも貨幣をほかの人に渡さず、自分でモノとして使います。そのとき、貨幣は貨幣

でなくなってしまうのです。貨幣とは、すでに述べたように、よく言えば「天下の回りもの」ですが、悪く言えば、だれも手元には置きたくない「ババ抜き」ゲームの「ババ（ジョーカー）」にほかならないのです。

ということは、貨幣が貨幣として流通するためには、モノとしては価値がなければないほどよいということになります。

もちろん、太古の時代は、貨幣経済が未発達で、貨幣がいつなんどき貨幣でなくなるかもしれないというリスクを常に抱えていましたので、そのリスクに備えるために、おそらく無意識に、人々はモノとしても価値のある金銀などを貨幣として使っていました。そのうちに貨幣経済が安定してくると、金銀の重さや品質をチェックする不便さを取り除くために、鋳造された金貨や銀貨が使われるようになりました。

さらに、金貨や銀貨は持ち歩くのは重たいし危険だというような理由から、金貨や銀貨それ自体ではなく、金貨や銀貨との交換を保証する証書や紙券が、金貨銀貨の代わりに貨幣として流通するようになります。いわゆる兌換《だかん》紙幣です。そして、第2次世界大戦後になると、金貨や銀貨との交換などということは忘れてしまって、1000円や1万円という金額を印刷してある証書それ自体が、不換紙幣として流通しています。いま私たちが使っている1000円札や1万円札です。また、これは大昔から始まっていますが、金や銀を使うと、擦り減ったりしてもったいないので、少額の取引には、鉄や銅やニッケルといった安い金属が使われるようになります。これが100円玉や500円玉のような硬貨の起源です。

このように貨幣の歴史をたどると、最初は、モノそれ自体に価値のあった金銀から、金貨銀貨になり、鉄貨や銅貨も併用されたり、次第に価値の低いものに代わってゆき、今ではそれ自体にはほとんど価値のない金属片や紙切れが使われているということになります。

究極の貨幣——デジタル通貨

その先にあるのは、なんでしょうか。紙幣も硬貨も、価値は低くてもモノであることに変わりはありません。そこで登場するのが、電子情報化された記号、さらにいえば「数字」です。貨幣とは貨幣であるから貨幣であるという自己循環論法によってその価値が支えられているのならば、モノである必要はまったくないというわけです。

そのように、貨幣のモノの部分を完全に削りとった究極の形態が、デジタル通貨なのです。電子情報化された数字だけを貨幣として流通させるのです。

じつは、電子情報化された数字を貨幣とする仕組みは、ずいぶん前から使われています。経済学では、紙幣や硬貨のような現金のほかに、私たちが銀行に預けている預金も貨幣と見なされています。じっさい、私たちは、自分の預金口座から、公共料金や通販で購入した商品の代金、クレジットカードでの買い物の決済など、さまざまな支払いをしていますが、その支払いは、具体的には一つの銀行から別の銀行へと電子情報が送られるだけで、これも一種のデジタル通貨なのです。ただ、銀行預金の場合、電子情報は、日本であれば全国銀行資金決済ネットワーク（全銀ネット）という銀行と銀行とだけをつなぐ閉じたネットワークの中で交換されています。

これに対して、ビットコインの場合は、だれもが利用できるインターネット上で電子情報化された数字をおカネとして流通させる試みです。ただ、その試みも別に新しくはありません。すでに1980年代後半にデービッド・ショーンという人が「ディジキャッシュ」という名のデジタル通貨を発行しようとしました。私が書いた小さな論文は、そのディジキャッシュを完全に分散化する仕組みを提唱しています。(5)　ビットコインの場合は、過去の取引をすべて記録するブロックチェーンの正しさを取引ごとにチェックする仕組みをつくりましたが、それとはまったく逆に、1度貨幣として使われた数字はすべて公開してしまうことによってニセ金を防ぐ仕組みを考えていました。この場合、取引ごとに貨幣として使われている数字を更新することが必要になりますが、それも暗号理論のブラインド署名という仕組みを2回組み合わせると、中央集権的な管理なしに行えることを示したのです。しかし、ディジキャッシュを発行したデービッド・ショーンの会社は倒産し、私の論文はだれも読んではくれませんでした。

いずれにせよ、貨幣とは、「貨幣とは貨幣であるから貨幣である」という自己循環論法によってその価値が支えられているのです。したがって、デジタル通貨の登場は、『貨幣論』からすると歴史の当然の帰結です。そして、すでにビットコイン以前にも、成功・失敗は別として、さまざまな形で試みられていたのです。

ビットコインは、理論的にも実践的にも、新しくありません。

貨幣になれなかったビットコイン

私は2016年ぐらいまで、ビットコインが貨幣になる可能性はあると考えていました。といっても、その時点でも5%程度の確率で、そうなるかも知れないと思っていたに過ぎません。しかし、今では、その可能性はほぼゼロになったと考えています。

ナカモト・サトシの論文は2008年にインターネット上で発表されましたが、ビットコインが実際に登場したのは2009年でした。どこかのピザ屋さんが面白半分でピザ2枚の対価として受け取ってくれたのが、流通した最初のケースだと聞いています。ビットコインは、そこからまず、マフィアの世界など地下経済に浸透していきます。資金洗浄が目的です。そこから、地上経済にも顔を見せ始め、発展途上国や強権国家の富裕層にも広がりました。さらに、アメリカの中産階級が違法な麻薬取引に利用するようになり、それを通じて普通の人々にもじわじわと広がっていきました。

ビットコインを利用する人が多くなれば、「自己循環論法」が作用し始めて、つまり、「ほかの人が使うから私も使う」という仕組みが機能し始めて、ビットコインは貨幣になる可能性はあるなと私は考えていました。それが2015年までです。

しかし、2016年以降、その可能性はほとんどなくなりました。

それは、ビットコインが「投機商品」となってしまったからです。

ビットコインは、最初のうちはほとんど値がつかなかったのですが、そのうち徐々に値上がりし始め、2016年頃から急激に価格が上昇しました。前兆は、ユーロ圏のキプロス共和国で2013年に発生したキプロス金融危機の際に見られました。キプロス島の人たちが自国の銀行より安全なおカネの預け場所としてビットコインに投資したことで、値段が跳ね上がりました。その後、ビットコインの価格上昇は落ち着きを取り戻したように見えましたが、1度、値上がりの味を覚えると、その味をもう1度味わいたい人たちが、ビットコインを投機商品と見なして、大量に投資を始めたのです。そして、2016年頃からは異常ともいえる高騰を始めたのです。

そして、ここが肝心のところですが、ビットコインが投機商品になった途端に、貨幣になる可能性は99％消えてしまいました。理由は簡単です。貨幣の基本定理が破られてしまうからです。

ビットコインが投機商品になるということは、どういう意味でしょうか？　ビットコインを持っている人々が、いま現在の相場価格が1000円の1ビットコインが、1ヵ月後にはたとえば2000円に値上がりすることを期待しているということです。それは、その人にとっての1ビットコインの現在の価値は、相場の1000円ではなく、予想された値上がり益を含めた2000円であるということです（ここでは、将来価値の割引率を0としています）。すなわち、ビットコインの「貨幣」としての価値は1000円なのに、投機対象の「商品」としての価値は2000円になっています。2000円＞1000円ですから、「あるモノがおカネとして流通しているときには、おカネとしての価値はモノとしての価値を必ず上回っている」という貨幣に関する基本定理がものの見事に破られてしまっている。

具体的には、いまビットコインを貨幣として使うとすれば1000円の価値の商品としか交換できないのに、1ヵ月待って売りに出せば2000円が手に入ると多くの人が期待している。そのようなときに、ビットコインを貨幣としていま使うようなバカな人はいないはずです。すなわち、ビットコインは、貨幣として使われなくなってしまうのです。

ビットコイン狂騒曲の結末

ビットコインにまつわる狂騒曲は、まさに皮肉な結末を迎えてしまいました。

ビットコインが徐々に普及していった当初、ビットコインは将来、ドルやユーロや円といった既存の貨幣を駆逐してしまう「新しいグローバル貨幣」になる可能性を秘めていると持て囃されました。マスコミに取り上げられ、テレビ広告が流れ、解説本や投資指南本が出版され、シンポジウムまで開かれ、知名度が上昇しました。それによって、投機の対象となり、投機商品と考える人が増えてしまったのです。そして、その必然的な結果として、発案者のナカモト・サトシの目標であったビットコインが貨幣となるという可能性が消えてしまいました。まさに、皮肉以外のなにものでもありません。

実際に起こったことは、多くの人にとっては悲惨な結末です。ビットコイン・ブームに煽られて、若い世代を中心に、多くの人が、ビットコインを買い漁りました。結果、価格は高騰してバブルとなり、2017年の年末には1単位235万円の史上最高価格を記録しました。しかし、バブルはかならず崩壊します。そして、実際にビットコインの価格は2019年に入ってから崩壊を始め、最高価格の20分の1程度にまで暴落したこともありました。高値で購入した人は泣いていたはずです。もちろん、その後も価格は乱高下はしていますが、ビットコイン狂騒曲はすでに終息を迎え、それは宴の後の千鳥足です。

ここで付け加えておきますと、ビットコインは100年間で2100万枚という、発行量の上限を定めています。発行当初は、発行量の上限が決まっているから安心だと宣伝されました。しかし、これは貨幣理論を知らない、単なる間違いです。なぜならば、貨幣に関しては、その数量とその価値とは無関係です。1万本のバナナだけを作っているバナナ王国で流通している貨幣が1円玉1万個であれば、1円の価値はバナナ1本です。その時、(バナナ1本を単位とした)物価水準は貨幣の価値の逆数ですから、1円です。同じ国に流通している貨幣が1円玉5000個であれば、1円の価値はバナナ2本、物価水準は0・5円になるだけです。おカネの本質はモノではなく記号です。おカネの量の大小それ自体は、そのおカネの価値を反比例的に下げたり上げたりするだけなのです。

いや、ビットコインの場合、上限が決まっていることで、かえって値上がりへの期待を増幅させてしまいました。しかも、後でお話ししますが、伝統的な貨幣の場合は、その価値が急上昇すれば、中央銀行が介入し、貨幣の供給量を増やすことによって、値上がり期待を抑えてくれます。だが、ビットコインはその発行量が決まっているため、その仕組みが働かず、さらに値上がりへの期待が高まり、バブルを膨張させてしまったのです。これも、皮肉な逆説です。

ナカモト・サトシの夢とハイエクの貨幣発行自由化論

さきほど、ビットコインが貨幣になる可能性は、99%消えたといいましたが、もちろん、私は神様ではありません。私の予想がものの見事に外れ、ビットコインがしぶとく生き残って、徐々に貨幣として使われるようになる可能性はいまだにゼロではありません。

ここからはまったくの空想の世界ですが、仮に、ビットコインが、円やユーロだけでなく、ドルまで駆逐して、グローバル資本主義の基軸通貨となったとしましょう。そのとき、グローバル資本主義はいったいどうなるのでしょうか?

ナカモト・サトシが分散化された仮想通貨を考えた背後には、一つの夢があったと思います。ビットコインは、中央銀行も政府も排除し、市場参加者だけで、しかも自由競争原理のみによって、貨幣の供給もニセ金のチェックも行ってしまおうという試みです。じつは、冒頭近くで名前を出した自由放任主義者のフリードリッヒ・ハイエクは、1976年に『貨幣発行自由化論』という書物を出版しています。(6) これまでの資本主義はまだ十分に自由放任主義的ではない。なぜならば、貨幣発行についてはまだ国家や中央銀行が独占している。その発行権を民間企業にも開放すべきだ。そうすれば、さまざまな貨幣のあいだの自由競争によって、もっとも効率的でもっとも安定的な貨幣だけが生き残り、その結果、そのもっとも効率的で安定的な貨幣を使う資本主義社会ももっとも効率的で安定的になると主張した書物です。私は、社会思想家としてのハイエクからは多くを学びました。とくに、その「自生的秩序」の理論や「知識の分業」理論には知的に大きな影響を受けています。だが、不幸にして、ハイエク

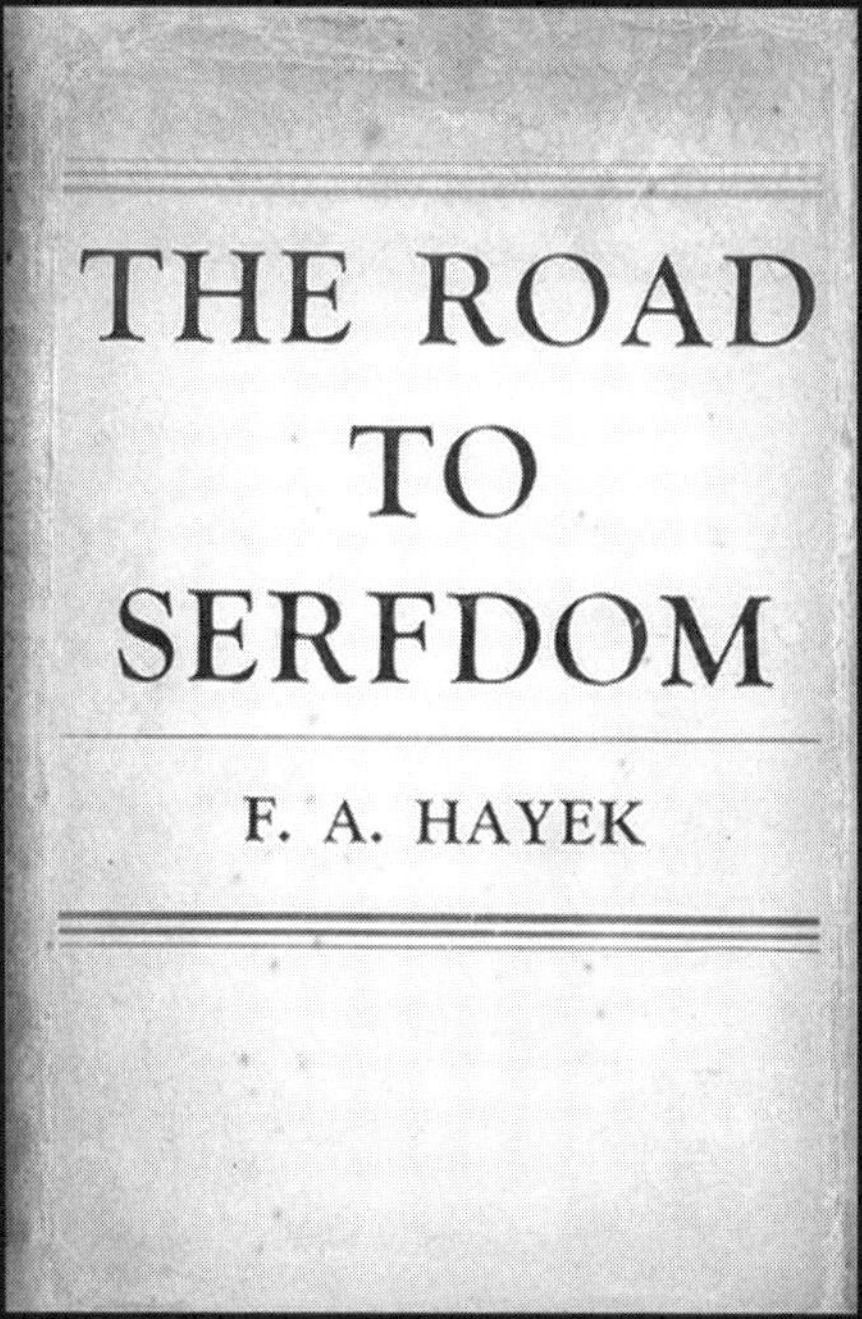
THE ROAD
TO
SERFDOM
F. A. HAYEK

の自由放任主義は理論的な誤謬であり、さらに貨幣発行自由化論は百害あって一利なしの主張だとも思っているのです。

ナカモト・サトシのビットコインは、このハイエクの貨幣発行自由化論の現代版と見なせるのです。しかも、発行される貨幣を、国家や中央銀行の規制が及ばないインターネット上で瞬時に流通する「数字」に置き換えてしまうことによって、ハイエクが考えた以上に「純粋」に「自由放任主義的」な「資本主義社会」を実現しようとしたのです。

ビットコインが制覇したグローバル資本主義を空想することは、まさにこの純粋に自由放任主義的な資本主義が果たして可能かどうかを問うことでもあるのです。この問いに答えることが、このインタビューの一つの焦点になるはずです。だが、そのためには、若干の準備が必要ですので、それは第3章にまで延ばすことにしましょう。

第2章

金融投機と二つの資本主義論

アリストテレスとミダス王の神話

私が思うに、世界で初めて貨幣の本質を理解した人間は、古代ギリシャの哲学者アリストテレスです。アリストテレスは、ソクラテス、プラトンと並ぶ古代ギリシャ最大の思想家ですが、この40年間、貨幣に関して考えれば考えるほど、その偉大さが見えてくるようになりました。

アリストテレスは、いまから約２４００年前の紀元前３８４年に生まれ、同３２２年に亡くなっています。生地はギリシャではなく、マケドニア王国が支配していたスタゲイラという町ですが、17歳頃の時にギリシャのアテナイに赴き、プラトンが主宰していたアカデメイアという名の学園に入門したのです。後日、世界制覇を企てたマケドニア王国のアレクサンドロス大王の家庭教師を務めたことでも有名ですが、それ以上に、「万学の祖」と呼ばれたように、物理学・生物学・論理学・修辞学・詩学・政治学・倫理学・哲学と、およそ考えうる限りのありとあらゆる学問分野についての研究を残したことで知られています。多数ある彼の著作の中で、貨幣について論じて

いるのは、『政治学』と『ニコマコス倫理学』の二冊ですが、『政治学』の中で、有名な「ミダス王の神話」について書いています(7)。

富に対する飽くなき欲望で知られたミダス王は、自分が手に触れるものすべてを黄金に変えてくださいと神に祈ります。すると、神は王の祈りをわざと聞き入れてあげるのです。その結末には二つのヴァージョンがあります。一つは、王が食べ物を食べようとしても、手に触れた食べ物はすべて黄金に変わってしまったため、ついには餓え死にしてしまったというものです。もう一つは、もっと悲劇的な結末を迎えます。ミダス王が最愛の娘に触れたとたんに、娘が黄金の彫像になってしまったというものです。

古代ギリシャでは鋳造された硬貨が流通する以前は、金銀が地金のまま流通していました。ミダス王の悲劇は、彼が貨幣商品説の信奉者であったことから生まれたのです。王は、金銀が何でも買えるのは、その素材である光り輝く金銀それ自体に価値があるからだと信じていたのです。そして、愚かにも、意地悪な神に祈りをささげたのです……。

アリストテレス自身は、このミダス王の神話について触れながら、こう述べています。「貨幣は無価値なもの、まったくの合意の産物であって、自然によるなにものでもないと思われている。というのは、もし貨幣を扱う者が別の貨幣に切り替えたならば、もとの貨幣はなんの価値もなくなって、生活用品を購入するのになんの役にも立たず、たとえ貨幣をたくさんもっていても、必要な食糧さえもしばしば事欠くようになるからである。しかし、それを潤沢に所有しながら人が飢死するようなものが富であるとすれば、これは不合理なことである。ちょうどあのミダスの物語にあるように——彼の面前に差し出されたものがことごとく黄金になってほしいという飽くことなき願望のゆえに、彼は破滅したのであった——。」(8) そして、『ニコマコス倫理学』の中でも、アリストテレスは「それ［貨幣］を変更するのも、無用にするのもわれわれの力の範囲内にあるのである」と、ほぼ同様のことを述べています。(9)

そうです。アリストテレスこそ、貨幣の価値をモノとしての価値で説明しようとした貨幣商品説を最初に明確に否定した思想家であったのです。

ただし、ここで付け加えておきますと、上に引用した文章の中で貨幣を「合意の産物」と述べていることから、アリストテレスは貨幣商品説は明確に否定したけれども、貨幣法制説的な考え方をしていたのではないかと推測されます（ただ、「合意によって（kata sunthēkēn）」という言葉は契約や約束よりももっと広い意味を持つので、そうでないという解釈も可能です）。貨幣商品説だけでなく貨幣法制説をも明確に否定して、「貨幣とは貨幣として受け取られるから貨幣なのである」という貨幣の自己循環論法にまで行き着くには、17世紀後半にスコットランドに生まれたにもかかわらず、18世紀初頭にはフランスの中央銀行総裁、さらには財務大臣の座にまで登り詰めたジョン・ローという名のお尋ね者の登場を待たなければなりません。

アリストテレスには、後の第4章において、資本主義の発見者として再登場してもらうことにします。

お尋ね者ジョン・ロー

ジョン・ローは、1671年に、スコットランドの富裕な金細工師の長男として生まれました。金細工師は英語ではゴールドスミス。直訳すると金の鍛冶屋ですが、単なる彫金職人ではありません。お客から預かった貴金属の一部を貸し付けに回して利益を稼ぐという、現在のまさに銀行業にあたる商売をしていたのです。だが、ジョン・ローは父親の仕事は継がず、20歳になるとロンドンに渡ります。すると、端正な容姿と機知に富む会話、スポーツ万能なうえに賭博の才能によって、たちまち上流社会の寵児になります。だが、お決まりのコースのように、女性問題でいざこざを起こし、決闘の末に相手を殺してしまいます。絞首刑の判決を受けますが、友人の手引きによって脱獄し、お尋ね者としてヨーロッパ中を放浪します。その間、トランプのカードのあらゆる組み合わせに関してその勝てる確率を瞬間的に計算できるという驚異的な能力を活かして、高級賭場を渡り歩いて生活費を荒稼ぎしたのです。いかさまはやらなかったと言われています。

ただ、ローは遊び歩いていただけではありません。実は、大陸に逃亡したとき、最初の滞在地としてアムステルダムを選びます。ローは故郷のスコットランドを豊かにするためには金融制度の改革が必須だと考えていました。オランダのアムステルダムは当時のグローバル資本主義の金融システムの中心地でした。ローは近代的な中央銀行業務の先駆者であったアムステルダム銀行でクラークとして働き、信用制度や金融問題を実地で学んだのです。アムステルダム銀行を辞してからは、ヨーロッパの主要都市の賭博場を転々としながら、貨幣に関する新たな理論と貨幣供給の新たなシステムの構想を練ります。そして、大金を稼いだのを機にこっそりと故郷のスコットランドに戻って著述を始め、1705年に『貨幣と商業』と題された小さな書物を出版します。(10)

貨幣の自己循環論法とローのシステム

『貨幣と商業』の中で、ジョン・ローはスコットランドが貧困である最大の原因は貨幣供給が不十分なために非効率的な物々交換がまだ多く残っていることだと論じ、その解決のための新たな貨幣の供給方法を提案しました。それが、のちに「ローのシステム」と呼ばれることになる「銀行貨幣制度」の提案です。ただ、『貨幣と商業』は単に新たな銀行貨幣制度を提案するだけのパンフレットではありません。その提案を経済学的に基礎づける理論書でもあるのです。そして、そこに提示されたのは、驚くべきことに、「貨幣の自己循環論法」であったのです。

当時のイギリスやスコットランドは銀本位制を採用していました。まずローは、「銀が物々交換されていたとき」には、「それは金属としての〈用途〉に応じて価値づけられていた」という当たり前のことを述べます。しかし、ただちに、銀がひとたび貨幣として使われ始めると、「銀が持つことになる貨幣という付加的な〈用途〉はそれに価値を付け加えることになる」と指摘します。すなわち、銀が貨幣として用いられると、それは金属としての価値以上の価値を付け加えるのだと述べているのです。これは、前の章で「証明」した「おカネのおカネとしての価値 ＞ おカネのモノとしての価値」という「基本定理」にほかなりません。すなわち、ローはずばりと貨幣商品説を切り捨てたのです。

次に、返す刀で、「この付加的な価値は、銀が物々交換において金属として持っていた価値以上に想像的なものではない」と述べ、貨幣法制説をも切り捨てるのです。現代の語感からはわかりにくいかもしれませんが、ここでローが「想像的」な価値と言っているのは、王様の命令や国家の法律が「人為的」に与えた価値という意味で、「法制的」と言い換えてもよい言葉です。ローは、銀が貨幣として持つことになる付加的な価値は、王様の命令や国家の法律によって与えられる法制的な価値ではないと主張しているのです。まさに貨幣法制説批判です。事実、ローは鋳造貨幣について、「刻印は価値を何ら付け加えるものではない」と言い切っています。

それでは、貨幣として使われる銀に金属としての価値以上の「付加的な価値」を与える貨幣の「用途」とは何でしょうか？　この問いに対して、ローはこう答えます。「貨幣とは、それに対して商品が交換される価値ではなくして、それによって商品が交換される価値である。貨幣の〈用途〉は商品を買うことである。」（傍点は岩井）

　これは、後にさまざまな経済学者が多くの場合誤解とともに引用することになる有名な言葉ですが、ローが言っていることには誤解の余地がありません。貨幣の「用途」とはそれと交換に商品を買うことです。すなわち、貨幣は貨幣として使われることがその「用途」だというわけです。私自身の言葉を使って言い換えるならば、「貨幣とは貨幣であるから貨幣である」ということなのです。

　そうです。ローが提示したのは、あの「貨幣の自己循環論法」にほかならないのです。

　ひとたび、このような貨幣の自己循環論法に到達すると、貨幣に使われるモノを銀のような貴金属に限定する必要はなくなります。実際、ロー自身が述べているように、「貨幣に必要な性質を有するならば、……いかなる商品も……貨幣となりうる」はずです。それゆえ、中央銀行が発行する紙幣も、安全性さえ保証されれば、貨幣として流通します。この結論から「銀行貨幣」制度へは一直線です。ローは、銀貨それ自体ではなく、銀貨との交換を約束した紙幣（兌換紙幣）を貨幣として流通させる制度を提唱するのです。

ミシシッピ・バブル

1705年に『貨幣と商業』を出版すると、ただちにジョン・ローはその「システム」を売り込み始めます。まず、スコットランドの議会に提出しますが否決され、次にロンドンに出て、イングランドの大蔵大臣に提案しますが拒否されます。しかもやぶ蛇で、お尋ね者のローがロンドンにいることを知った決闘相手の遺族が再告発の準備を始めてしまい、再び大陸に渡らざるをえなくなります。

ローは賭博で大金を儲けながら、ヨーロッパ各地の権力者に「システム」を提案して回ります。ながらく不毛の時をすごしますが、1715年、突然運が開けます。太陽王といわれたフランスのルイ14世が死去したのです。そして、まだ幼いルイ15世を補佐するために、オルレアン公が摂政に任命されたのです。オルレアン公とは高級賭博場での古くからの賭博仲間です。当時のフランスは、太陽王の乱費によって経済的に病弊し、国内には大量の失業者があふれ、宮廷は破産寸前でした。ローは、まさに貨幣に飢えていたフランスに、銀行貨幣制度を売り込み始めたのです。

そして、1716年、オルレアン公の強力な支持の下、「中央銀行」と名付けられた私営の銀行をパリのヴァンドーム広場に設立することに成功します。銀行券の発行が始まりました。ローの銀行券は、金貨銀貨が悪鋳されても預金時の金銀の重量と品位とを保証することによって大きな信用を得ることができ、フランスの貨幣供給量は大きく膨張することになります。この成功によって、私営であった中央銀行は王立銀行に昇格し、ローはその総裁に任命されます。そして、17年にローは「西方会社」という株式会社を設立します。アメリカのミシシッピ川流域にある植民地ルイジアナ（つまり、ルイ王朝の土地）に関する貿易と開発を独占的に請け負う特許会社です。

この2年間が、「ローのシステム」の黄金の2年間でした。

19年、ローは西方会社を拡大してインド会社と名前を改め、新規に株式を募集します。まだだれも見たことのないはるか遠くのミシシッピ川流域の開拓という幻想的なイメージが、多くの人の夢をかき立て、未曾有の株式ブームを引き起こすことになりました。1世紀前のオランダの「チューリップ・バブル」とともにバブルや集団心理に関する書物には必ず登場する、悪名高い「ミシシッピ・バブル」が始まったのです。一時、株価は額面の20倍にも膨れあがり、株式が取引されるカンカンポワ通りには、フランスのあらゆる階層からの人間が銀行券の束を抱えて殺到し、狂乱状態でインド会社の株の売り買いをおこないました。大衆の中から成り金が生まれ、高級品の価格が暴騰します。フランスは未曾有の好況に見舞われたのです。その騒動の中、1720年にローは、故国ではお尋ね者である異国の人間でありながら、なんとフランス王国財政の最高責任者である財務大臣に任命されることになるのです。

しかし、バブルはバブルです。いつかは必ず崩壊します。植民地経営に関する悪い噂をきっかけに、株価が急速に暴落し始めます。今度は、どんな安い値段でもいいからインド会社の株を売ろうとする人々が押し寄せ、カンカンポワ通りは再び大混乱となります。事態におじけづいた王室は、銀行券と銀貨との交換率を大幅に引き下げてしまったのです。これが命取りになりました。大規模な取り付け騒ぎが起こり、「ローのシステム」が崩壊してしまいます。好況であったフランス経済は、一気に恐慌に突入したのです。

人々の怒りを一身に集めることになったローは、ひそかにフランスから脱出します。ただ、なぜか妻と息子はパリに残るのです。その後、再起を目指しながら孤独にヨーロッパ各地を転々としますが、1729年、イタリアのヴェニスで風邪をひき、58年の生涯を寂しく終えてしまいます。

もう30年以上前のことですが、私がヴェニスに旅行したときに訪れたその墓には、次のような言葉が刻まれていました。

「名高きスコットランド人ここに眠る。／そは、比類なき計画者であり／代数学の法則で／フランスを零落に追いやった。」

ジョン・ローの遺産

ジョン・ロー自身は、銀行貨幣制度の導入には必然的に不安定性がつきまとうことを、十二分に知っていました。銀行が金庫に保有する銀貨の量以上の紙幣を刷って、企業に貸し付けると、その超過分だけ「貨幣量が増加し、企業に利益をもたらし、人々の雇用を増やし、外国貿易を拡大」します。これは、のちにジョン・メイナード・ケインズが有効需要原理と名付ける考え方にほかなりません。だが、その場合、何らかの理由で、紙幣を手にしたすべての人々が同時に銀貨への交換を要求してしまうと、銀行は当然支払い不能に陥ってしまいます。いわゆる取り付け騒ぎが起こってしまうのです。

しかしながら、ローは既成概念にはとらわれない人間でした。貨幣供給量の増大による一国経済の効率化や活性化というプラスと銀行取り付けによる不安定性というマイナスとを冷静に比較して、紙幣の流通を準備金の4～5倍程度に保っていれば、プラスがマイナスをはるかに上回ると考えて、銀行貨幣制度の導入を提唱したのです。しかも、万一、取り付け騒ぎが予想されたならば、紙幣の発行額を大幅に引き上げたり、銀貨の純度を大きく引き上げたりすれば、そのような危機に対処できることすら示唆しています。これは、現在の中央銀行制度における量的緩和や金利操作に対応する政策にほかなりません。いまでは常識化した金融危機対策です。

だが、不幸にして、ミシシッピ・バブルが崩壊し始めた時、パニックになった王室の抵抗によって、ローはこのような危機対策をとることはできませんでした。そして、みずからの「システム」が崩壊していくのを、呆然と眺めるよりほかなかったのです。

ジョン・ローの評価は分かれています。たとえば、フランスの政治思想家モンテスキューは『ペルシャ人の手紙』（1721年）の中でローを完全な詐欺師として描いています。また、ドイツの文学者ゲーテの『ファウスト』（1806―1831年）に登場する悪魔メフィストフェレスもジョン・ローが一つのモデルになっています。その第2部で、メフィストフェレスは神聖ローマ帝国の皇帝をそそのかして紙幣を発行させますが、その結果、経済は大混乱に陥ってしまい、僭主の反乱を招いてしまうのです。

これに対して、ずっと時代は下りますが、『経済分析の歴史』の中でヨーゼフ・シュンペーターは、ジョン・ローを「あらゆる時代を通して最高の貨幣理論を構築した人物」であると賞賛しています。(11) ケインズは、ローについて直接語ったことはありませんが、ローを自分の理論の先駆者と見なしていたことは疑いありません。ミシシッピ・バブルを引き起こした悪名高い人物の再来と見なされるのを怖れて、あえて語らなかったのだと思います。

私自身はシュンペーターの評価に全面的に賛同します。事実、ローの肉体は消え去ったあとも、「ローのシステム」のアイデア自体は生き残っています。いや、あれから3世紀近くたった今日、私たちがその中で生きている金融システムは、まさに「ローのシステム」そのものにほかなりません。それは、ロー自身が十分に認識していたように、一方で、経済の効率性を大いに高める役割を果たすとともに、他方で、経済の不安定性も大いに高めるという、「効率性と安定性の二律背反」を本質的に背負っているシステムであるのです。ジョン・ローは、ほんの数年の間に、まさにこの二律背反をジェット・コースターのような激しい起伏をもって体験してしまったのです。

二つの資本主義観——新古典派と不均衡動学派

資本主義については二つの対立する見方があります。一方は、アダム・スミスを始祖とする新古典派経済学の見方です。[12] それは、市場の「見えざる手」の働きに全幅の信頼をよせます。資本主義をどんどん純粋にしていき、地球全体を市場によって覆い尽くせば、効率性も安定性も実現される「理想状態」に近づくという主張です。し

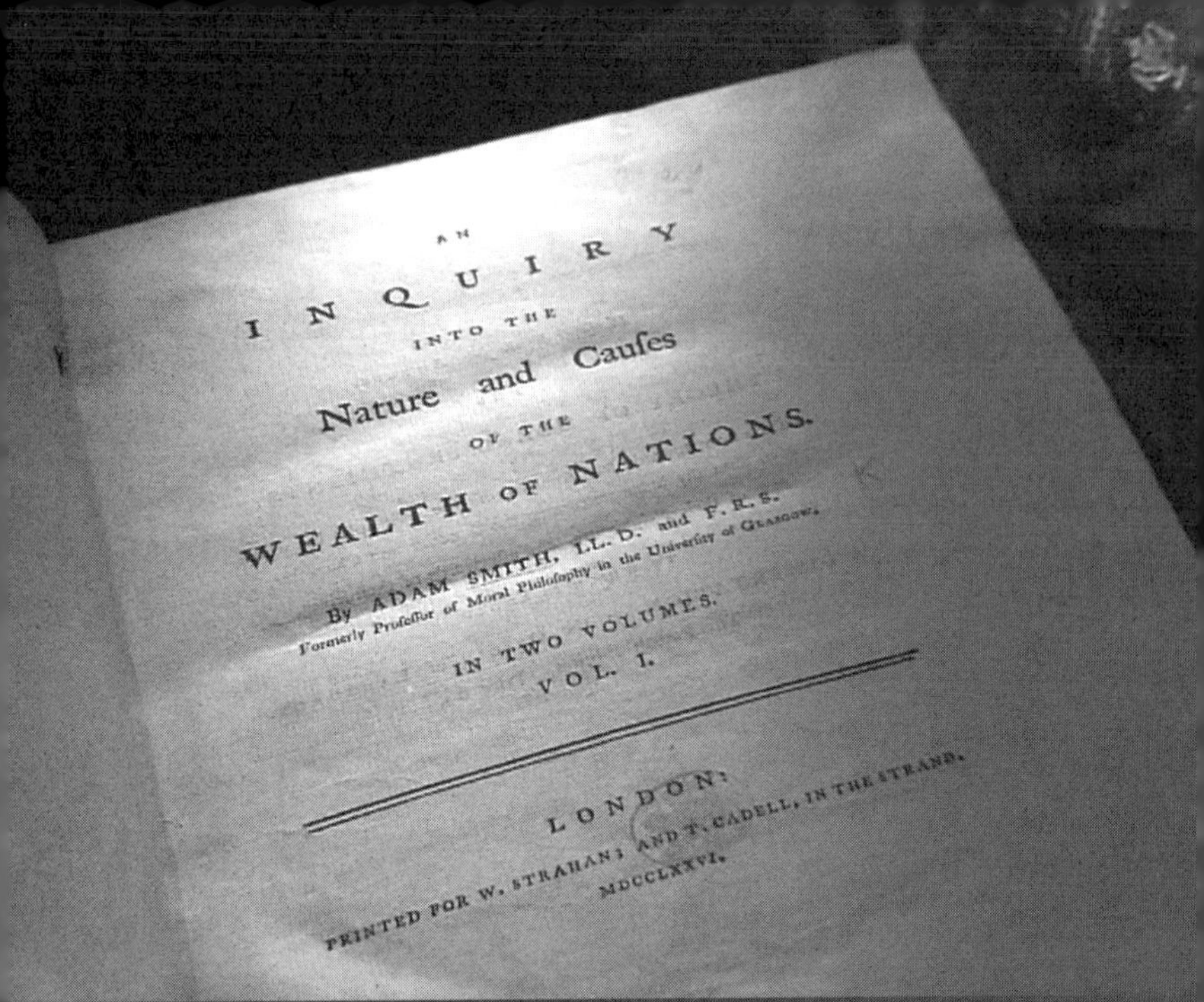
AN
INQUIRY
INTO THE
Nature and Cauſes
OF THE
WEALTH OF NATIONS.

By ADAM SMITH, LL.D. and F.R.S.
Formerly Profeſſor of Moral Philoſophy in the Univerſity of Glasgow.

IN TWO VOLUMES.
VOL. I.

LONDON:
PRINTED FOR W. STRAHAN; AND T. CADELL, IN THE STRAND.
MDCCLXXVI.

たがって、諸悪の根源は、すべて市場の円滑な働きを阻害する「不純物」であるということになります。

現実の労働市場にはヒトの移動を妨げる慣習や規範があり、財市場にはモノの移動を妨げる規制や税制があり、資本市場にはおカネの移動を妨げる監督や法律があります。これらの「不純物」さえ取り除けば、資本主義は効率的にも安定的にもなるというわけです。このような新古典派的な資本主義論の20世紀におけるチャンピオンは、すでに第1章で名前を出した、フリードリッヒ・ハイエクとミルトン・フリードマンでした。ハイエクはオーストリア人ですが、後にイギリスに渡り、後半生はアメリカのシカゴ大学で教えました。フリードマンもながらくシカゴ大学の教授でした。

もう一つの見方は、ケインズを代表とする不均衡動学派です。その最大の先駆者が、「お尋ね者」のジョン・ローです。また、ケインズほどは名前は知られていませんが、ケインズ以前にスウェーデンで活躍したクヌート・ヴィクセルも重要です[13]。この私も、その末裔の1人として、『不均衡動学の理論』や『貨幣論』といった本を書きました。

この立場によれば、資本主義には理想状態などありません。資本主義を純粋にして

Fig. 2: Wicksell-Keynesian Phillips Curve>

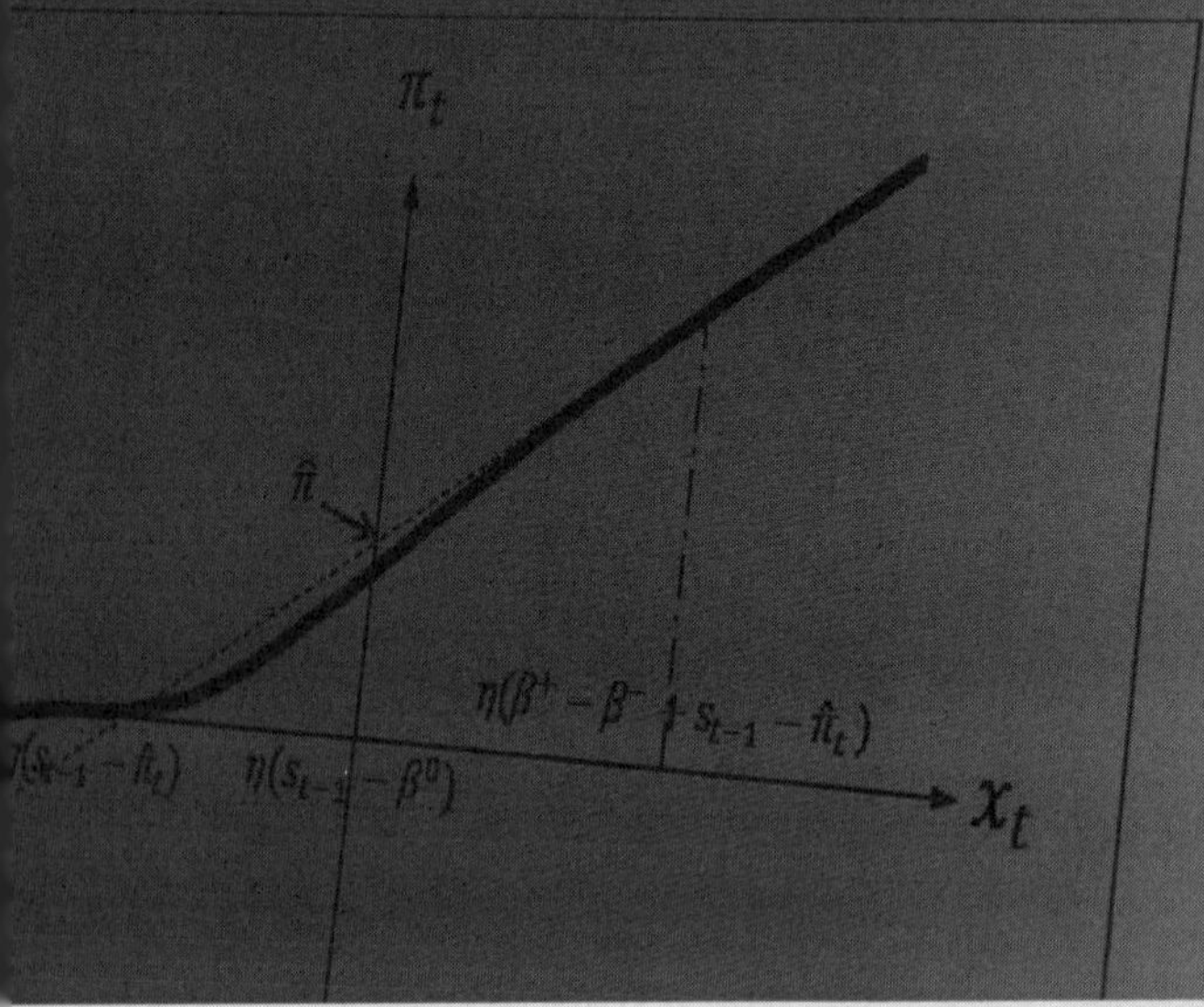

いくと、確かに「効率性」を増しますが、逆に「安定性」が減ってしまう。資本主義が、大恐慌などの幾多の危機を経ながら、曲がりなりにもある程度の「安定性」を保ってきたのは、貨幣賃金の硬直性や複雑な税制や金融投機の規制、さらには政府や中央銀行による市場介入的な財政金融政策など、市場の自由な働きを阻害する「不純物」があったからであるというわけです。もちろん、それは代償として、有効需要が不足すれば、労働者の失業や設備の遊休化など、有効需要が過剰ならば、モノ不足や超過労働などの非効率性を生み出してしまいます。効率性を増やせば不安定化し、安定性を求めると非効率的になるという具合に、効率性と安定性とは「二律背反」の関係にあるというのです。

ケインズ革命と新古典派の反革命

19世紀は、「自由主義の世紀」と呼ばれるように、自由放任主義思想が支配した世紀でした。だが、20世紀に入るとその思想に翳《かげ》りが見られ始め、1929年のニューヨーク株式市場の大暴落をきっかけとして世界大恐慌が始まります。そのさなかの

1936年、ケインズが『雇用、利子および貨幣の一般理論』を出版し、いわゆる「ケインズ革命」が起こりました。[14] 当時、アメリカ政府が大恐慌からの脱出のために積極的に市場に介入するニューディール（新規まき直し）政策をおこなったこともあり、その後しばらく学問的にも政策的にも、不均衡動学的な立場が大きな影響力を持ったのです。だが、その勢いも一時的でした。経済学のそもそもの父祖はアダム・スミスです。ケインズ政策の成功により資本主義が安定性を取り戻すと、1960年代にはフリードマンをリーダーとする新古典派経済学の反革命が始まりました。そして、70年代には学界の主導権を握ってしまいます。さらに、フリードマンらの思想に大きな影響を受けたアメリカのレーガン政権、イギリスのサッチャー政権の下で、1980年代から、経済政策も自由放任主義の方向に大きく再転換していきました。

自由化を旗印に多くの分野で規制緩和が進められ、あらゆるリスクを証券化し、証券のリスクもさらに証券化していく金融革命を先兵として、全世界を市場で覆い尽くしていく「グローバル化」が始まったのです。すなわち、グローバル化とは、資本主義を純粋化すればするほど効率性も安定性も高まる理想状態に近づいていくという新古典派経済学の基本思想の「壮大な実験」であったのです。

JOHN MAYNARD KEYNES
THE GENERAL THEORY OF EMPLOYMENT, INTEREST, AND MONEY
"I can think of no single book that has so changed the conception held by economists as to the working of the capitalist system"
—Robert L. Heilbroner

ところが、2008年のリーマン・ショックが引き金を引いた今回の世界大不況は、この壮大な実験が壮大な失敗に終わったことを意味します。たしかに、グローバル化は、資本主義の効率化を進め、平均的には世界全体に大きな経済成長をもたらすことになりました。事実、1980年には40%を超えていた世界全体の絶対的貧困率は2015年には10%近くまで減少しています（この歴史的事実は絶対に忘れてはなりません）。だが、それは同時に、「100年に1度」といわれた世界規模の経済危機をもたらしてしまったのです。資本主義において、効率性と安定性は二律背反していることが実証されてしまったのです。

フリードマンの投機論

では、なぜ、効率性と安定性が二律背反するのでしょうか？
それは、資本主義が「投機」にもとづくシステムだからです。
「投機」とは何でしょう？
たとえば、不動産の売買について考えてみましょう。自分が住むために家を購入することは、投機ではありません。それは家をモノとして使うことを目的としているからです（前の章で、商品の価値は究極的には人間の欲望によって決まってくると言ったときは、このような状況を想定していました）。一方、将来の値上がりを期待して、2軒目、3軒目の家を転売することを目的として購入すると、それは不動産投機になります。

つまり、「自分がモノとして使うためではなく、将来、ほかの人に売るために何かを買うこと」――これが、「投機」の定義です。

そして、投機はバブルを生み出し、バブルはかならず崩壊する。投機は経済危機の生みの親なのです。

しかしながら、もし自由放任主義のチャンピオンであったミルトン・フリードマンがいま生きていたら、このような議論に対して、即座に反論するでしょう。

「投機が危機を生み出すなんて、とんでもない。投機とは本質的に安定的である。投機家の存在こそ、市場の〈見えざる手〉を強める働きをするのだ。」

フリードマンの投機理論を説明しましょう。[15] たとえばある会社の株価が株式市場で上昇しているときに、さらにその株を買う投機家がいれば、株価はさらに上昇してしまいます。逆に、ある株の価格が下落しているときに、さらにその株を売る投機家がいれば、株価はさらに下落してしまいます。たしかにこの場合は、市場は不安定になってしまいます。だが、そのような投機家は「非合理的」だと、フリードマンは主張します。なぜならば、価格が高いときに買い、価格が低いときに売るような投機家は必ず損をしているはずだというのです。そして、損をする投機を続けていると、じきに破産してしまい、市場から退場していきます。ということは、市場で淘汰されずに生き残ることのできる投機家は、安いときに買って高いときに売ることによって、投機から利益を得ている「合理的」な投機家です。もちろん、安いときに買って高いときに売る「合理的」な投機家だけが生き残る市場は、価格が下落すると買いが入り、価格が上昇すると売りが入る、まさに「安定的」な市場です。したがって、投機は市場を安定化する、というわけです。

これは実に巧妙な議論です。天才的であるといってもよいと思います。すなわち、アダム・スミスの「見えざる手」の原理が投機的な市場にまで拡張され、自由放任主義思想がその極限まで応用範囲を広げたのです。実は、この投機安定化論は1953年に発表されていますが、その元の議論は、株式市場における投機に関してではなく、外国為替市場の投機に関してです。そして、それはその後の世界経済のあり方に大きな影響力を与えました。1971年、当時のアメリカ大統領リチャード・ニクソンは、突如、ドルと金の交換の停止を発表しました。いわゆるニクソン・ショックです。これにより、それまで基本的には固定されていた外国為替レートは外国為替市場における需給の条件によって自由に変動することになったのです。これが金融自由化と金融グローバル化のさきがけとなり、各国経済はグローバル化の時代に一歩足を踏み入れます。その流れにさらに棹を差したのが、1980年代のレーガン、サッチャー改革で、これにより、世界経済のグローバル化は一気に加速するのです。

ニクソン大統領はフリードマンの自由放任主義思想の信奉者でした。固定為替レート制を捨て去るというその決断を後押ししたのが、フリードマンの投機安定化論であったのです。

ケインズの「美人コンテスト」

実は、フリードマンの投機安定化論に対する根源的な批判は、それが登場する15年以上前にすでになされていました。あのケインズが1936年に出版した『一般理論』の第12章において提示した「美人コンテスト」の理論のことです[16]。

ケインズの「美人コンテスト」とは、当時、イギリスの大衆新聞が実際におこなっていた美人コンテストです。それは、しゃなりしゃなりと壇上を歩く女性の中から審査員が「ミス何とか」を一定の基準で選んでいくという、古典的な美人コンテストとは違います。まず、新聞紙上に60名の女性の写真を掲載し、どの女性が一番「美人」であるかを新聞読者に投票してもらいます。ここまでは古典型と同じです。だが、さらに、もっとも多く票を集めた「美人」に投票をした人に多額の賞金を与えるという観衆参加という要素を付け加えたことによって、古典型とはまったく異質の美人コンテストとなったのです。

なぜならば、このコンテストに投票して賞金を稼ごうと思ったならば、古典的なコンテストの審査員のように、客観的な美の基準にしたがって投票しても無駄です。また、自分にとって主観的に美人だと思う人に投票しても無駄です。平均的な投票者が誰を美人だと判断するかを予想して、その人に投票しなければなりません。いや、これでも無駄です。当時は多くの人が失業にあえいでいた大恐慌のさなかです。という

ことは、他の投票者も自分と同じように賞金を稼ごうとしているはずです。したがって、さらに一歩踏み込んで、平均的な投票者が平均的な投票者はどのように予想するかを予想しなければなりません。そして、さらに高次の段階の予想の予想を行っている人までいるにちがいありません。つまり、ケインズの美人投票で選ばれる「美人」とは、究極的には、皆が美人として選ぶと予想すると皆が予想するから皆が美人として選んでしまうという「自己循環論法」の産物にすぎないのです。

したがって、たまたまある人に何らかの理由で多くの票が集まりそうだという噂が立つと、その人に投票したほうが賞金が稼げる確率が高くなります。そして、そのことによって実際に皆の票が集まり、その人が「美人」として選ばれてしまいます。また別の噂が立つと、別の人が「美人」となってしまう。簡単に言うと「勝ち馬に乗ることが勝つ秘訣」なのです。勝ち馬だという予想が自己実現してしまい、予想された勝ち馬を実際の勝ち馬にしてしまうのです。その予想は、広まってさえいれば出鱈目でも嘘でも構わないのです。

ケインズの美人コンテストによって選ばれた「美人」には、客観的な根拠も主観的な根拠もありません。そして、その「美人」という地位は、日々変わりうる、まさに不安定以外の何ものでもないのです。

ケインズ対フリードマン

ケインズが「美人コンテスト」の理論を提示したのは、それがプロの投機家同士がしのぎを削っている金融市場の格好のモデルであると考えたからです。株式市場や債券市場、さらには外国為替市場や先物商品市場などの金融市場は、実体的な需給とは独立して、ささいなニュースやあやふやな噂などをきっかけに、突然価格を乱高下させてしまう本質的な「不安定性」を持っていることを示そうとしたのです。事実、価格が上がると皆が予想すると皆が予想すると、大量の買いが入って、実際に価格が高騰し始めます。バブルです。価格が下がると皆が予想すると皆が予想すると、売り浴びせが起こり、実際に価格が急落してしまうパニックが起こります。

では、投機に関して、フリードマンとケインズとの投機理論のどちらに軍配を上げるべきでしょうか？

勝敗は明らかです。じつは、フリードマンが考えていたのは、投機家が生産者から直接にモノを買い消費者に直接にモノを売るというような牧歌的な投機です。この場合は、実際に投機はフリードマンが主張するように市場の安定化を助けるかもしれません。

ケインズが、経済学者としてだけでなく、投機家としても大成功をおさめたことはよく知られています。そのケインズが想定していたのは株式市場や先物市場のような金融市場です。たとえば石油の購買者が1年先の石油を先物市場で買っておけば、価格変動のリスクを回避することができます。1年後に値下がりしても、あらかじめ約束した価格で受け取れるからです。だが、そういうことが可能なためには、1年先の価格上昇に賭けて、価格下落のリスクを積極的に引き受けてくれる先物の売り手が沢山いなければなりません。つまり、みずからリスクを負担して大きく儲けようと考えるプロの投機家が大勢参加して初めて、先物市場が成立するわけです。そして、石油のような商品の先物ではなく、債券や株式や外国為替の先物やオプションやスワップといった金融派生商品（デリバティブ）の市場は、実体的な経済活動のリスクではなく、金融市場でのリスクを売り買いする市場ですから、ほとんどがプロの投機家によって占められることになるのです。

では、このような市場において、投機家が合理的ならば、いったいどのような行動をとるでしょうか？　もちろん、あの「美人コンテスト」で賞金を稼ごうとしている新聞読者のように行動するはずです。すなわち、合理的なプロの投機家にとって重要なのは、もはや将来モノ不足になるかモノ余りになるかを自分がどう予想するかではありません。自分と同じように市場を眺め、自分と同じように合理的に思考するほかのプロの投機家が、価格が上昇すると予想しているのか下落すると予想しているのかを予想し、それに先駆けて売り買いすることです。そして、それは、それぞれのプロの投機家がおたがいの合理性を信じていればいるほど、さらに高段階の予想の予想……の予想をしていく必要が生まれてくるのです。すなわち、多数のプロ投機家がおたがい同士で売り買いをし始めると、市場はまさにケインズの「美人コンテスト」の場に変貌してしまうのです。そして、そこで成立する価格は、需給条件といった実体的な錨を失い、ささいなニュースやあやふやな噂などをきっかけに、突然乱高下を始めてしまう本質的に「不安定」なものであるということです。

合理性の逆説

ここで強調すべきなのは、このような市場価格の乱高下は、ミルトン・フリードマンが主張するような愚かな投機家の非合理性によるのではありません。逆です。頭がさえきったプロの投機家同士がおたがいの行動を何重にも合理的に予想しあう結果として、市場の価格が乱高下してしまうのです。ケインズは、その「美人コンテスト」理論によって、個人の合理性の追求が社会全体の非合理性を生み出してしまうという、社会現象に固有の「合理性の逆説」の可能性を示してくれたのです。

同じく市場をあつかいながらも、そして同じく自己利益追求と合理的な予想とを仮定しながらも、ミルトン・フリードマンの理論と、いやもっと根源的にはアダム・スミスの「見えざる手」の思想とも真っ向から対立する理論が提示されたことになります。それは、たとえ反市場的な慣習や制度がなくても、たとえ恣意的な政府の介入や規制がなくても、市場には本来的に不安定性がつきまとうことを主張する理論です。いや、それはグローバル化による市場の拡大によって、反市場的な慣習や制度が一掃されたり、中央銀行の介入が無効になったり、政府の規制が撤廃されたりすることによって、多くの人々が合理的に投機活動をおこなう自由が拡大すればするほど、市場はますます「美人コンテスト」の場となり、不安定性が逆に増大してしまう可能性があることを主張する理論なのです。

じつは、世界で最初の組織化された先物市場は、江戸時代の大坂の堂島の米会所だといわれています。たとえば金沢藩が加賀百万石といわれたように、江戸時代の武士階級の主たる収入は年貢米です。ところが、参勤交代制で大名やその家来は2年ごとに1年間江戸に勤務しなければならず、さらに大名の正室と世継ぎは一種の人質として江戸に常住する義務がありました。江戸は大消費都市でした。そこでの生活にはもちろんおカネが必要です。しかも、お米の収穫期は秋だけですが、江戸で暮らすおカネは1年中必要になります。そこで、秋に収穫が予定されている将来のお米を現在のおカネに換える市場として、当時の日本資本主義の中心地であった大坂の堂島に、お米の先物市場が設置されたのです。1730年でした。正米《しょうまい》取引と呼ばれたお米の現物取引に対して、先物取引は帳合米《ちょうあいまい》取引と呼ばれていました。

だが、お米のような実物の先物を取引する市場ではなく、金融商品の先物を取引する市場は、フリードマン思想の熱烈な支持者であったレオ・メラメドによって、1972年にシカゴの商品取引所に作られた外国為替の先物市場が最初です（メラメドは杉原千畝の「命のビザ」によってナチスから救われたユダヤ人の1人です。しかも彼が金融派生商品市場を設計する際、堂島の米会所を参考にしたと言われています）。そして自由放任主義の時流に乗り、さらに新古典派経済学を応用した金融工学の発達によって、金融商品の先物市場をはじめとする金融派生商品の市場は急拡大をとげましたが、皮肉なことに、それはフリードマンでなく、ケインズの投機理論が正しかったことを証明することになりました。2008年、まさにこの高度に発達したアメリカの金融市場におけるバブルが崩壊し、「100年に1度」の経済危機が起こってしまったのです。

だが、こういう反論があるかもしれません。

たしかに、株式市場や債券市場、さらには外国為替市場や金融派生商品市場などの金融市場はプロの投機家による投機合戦によって不安定的であるかもしれない。でも、いくら近年、拡大に拡大を重ねているとはいえ、金融市場は資本主義経済のすべてではない。資本主義経済の中心はあくまでも実体的なモノやサービスを売り買いする通常の市場である。ニューヨークやロンドンや東京の証券取引所にインターネットを通じて毎秒大量の売り買いの注文を出すプロの投機家たちは、私たち普通の市民とは異質な人種である。スーパーで食料を買い、百貨店で衣類を調え、銀行に住宅ローンを支払うとき、私たちは投機とはまったく無縁の経済活動をしているはずだ。

ところが、実際は、私たち普通の市民も、投機とは少しも無縁ではないのです。

第3章

貨幣は投機である

おカネは純粋な投機である

第1章で、ビットコインは「投機商品」になってしまったことによって、貨幣になる可能性をみずから捨て去ってしまった、と論じました。

だが、ここで次のようなことを言うと、皆さんを大いに混乱させてしまうかもしれませんが、じつは、さらにもう一段深いレベルで考えてみると、私たちがおカネを使うとき、私たちは意識をしないで「投機」活動をおこなっているのです。いや、おカネを使うことは本質的には「投機」活動であるのですが、それが「投機」として意識されていないかぎりにおいて、おカネはおカネとして流通すると言ったほうがよいでしょう。ただ、こう言っても、まだわかりにくいと思いますので、もうすこし説明を加えてみましょう。

「投機」とは何でしょう?

すでに第2章で定義したように、「自分がモノとして使うためではなく、将来、ほかの人に売るために何かを買うこと」——それが「投機」です。

私たちは、日々、おカネを使っています。スーパーで食料を買い、百貨店で衣類を調え、銀行に住宅ローンを支払います。そのとき、よほど『貨幣論』に毒されていないかぎり、自分が投機をしているなどと考えることなどないはずです。しかし、本当にそうなのでしょうか。右の「投機」の定義をおカネに当てはめて考えてみましょう。

たとえば、私は大学から給料というかたちでおカネをもらっています。その金額はここでは述べませんが、それは私が行った教育や研究という仕事の対価です。通常は商品に関して使う「売り買い」という言葉を、貨幣に関しても使ってみると、私は大学から私の仕事と交換に「おカネを買っている」のです。だが、これまで何度も同じことを述べていますが、それは、私がおカネ自体をモノとして使うためではありません。おカネそのものには何の使い道もありません。その使い道のないおカネと交換に、缶コーヒーやTシャツやアパートを手に入れるためです。再びちょっと言い換えてみますと、ほかの人に「おカネを売って」、それと交換に欲しいモノを手に入れるためなのです（ほかの人と言っても、通常は、スーパーや百貨店や銀行といった法人です）。つまり、私が今おカネを買うのは、自分でモノとして使うためではなく、将来、ほかの人に売るだけのためなのです。つまり、私はおカネが将来もおカネとしての価値を持ち続けることに賭けて、「投機」しているのです。

おカネを使うこと――すなわち、それ自体何の使い道もないおカネをおカネとして流通させるという行為こそ、この世の中に存在する「もっとも純粋な投機」であると言えるのです。

恐慌――おカネのバブル

ですから、私たちは毎日何気なくおカネを使っていますが、よくよく考えると、それはとても恐ろしいことなのです。私たちが生きている資本主義社会はおカネというものに全面的に依拠した社会です。資本主義社会とはおカネがすべてを支配している社会だとさえ言われています。そのおカネを使うことが投機、しかも純粋な投機だとすると、資本主義社会は、本質的に不安定性を抱え込んだ社会であるということになるのです。

なぜならば、投機はかならず「バブル」を生み出し、膨れ上がりすぎたバブルはかならず「パニック」を招くからです。

LEHMAN BROTHERS

では、おカネのバブルとは、何でしょうか？

たとえば、不動産市場。不動産のバブルとは、不動産価格がどんどん上がることです。したがって、おカネのバブルとは、おカネの価値がどんどん上がっていくことです。では、おカネの価値がどんどん上がるとは、どういう意味でしょうか？　それは、おカネで買えるモノの価格、すなわち物価がどんどん下がることです。おカネのバブルとは、物価が下がること。つまり、「デフレーション」のことなのです。

デフレーションが高じるとどんなことが起きるか。それは私たちが失われた20年で、少なからず経験したことです。モノの価格が下がり続けることが予想されると、どうするでしょうか？　今モノを買わずにタンス預金にしておけば、将来、おカネの価値が上がり、今よりも多くのモノが買えることになります。ということで、人々はなるべくおカネを使わなくなります。ということは、モノを買わないということです。すなわち、経済は「不況」になってしまうのです。そして、人々がモノを買わなくなれば、モノの値段がさらに下がり、さらにデフレーションが進み、さらにモノを買わなくなる。このようなデフレのスパイラルの行き着く先は、モノが売れなくなった企業がどんどん倒産し、人々が大量に失業してしまう「恐慌」です。

ハイパーインフレ——おカネのパニック

一方、不動産市場がパニックになると、不動産価格がどんどん下がっていきます。したがって、おカネに関するパニックとは、おカネの価値がどんどん下がっていくことです。おカネの価値が下がるとは、先ほどと逆に、物価が上がることです。したがって、おカネのパニックとは、物価がどんどん上がること。つまり、「インフレーション」のことなのです。

インフレーションが高じるとどんなことが起きるか。それは、古い世代の人間ならば、1973年の石油危機のときのトイレットペーパー騒動で経験済みです。石油価格が上昇したことがきっかけで、トイレットペーパーが買えなくなるという噂が広がり、人々がトイレットペーパーを買うために長蛇の列を作り、奪い合いました。トイレットペーパー騒動はデマが誘因でしたが、本質的な原因は他にあります。

インフレーションのときにはおカネを持ち続けていると、その価値がどんどん下がってしまいます。持ち続ければ持ち続けるほど、物価が高くなり、買えるモノが少なくなります。そのため、人々は少しでも早くおカネを使おうとします。おカネの使い道は一つしかありません。モノを買うことです。人々が、モノを買おうとすると、さらに物価が上がり、これからも物価が上がるという予想を人々は持ち始めます。それがさらにおカネを使わせ、さらに物価を上げてしまうという、インフレーションのスパイラルが引き起こされるのです。そのスパイラルが猛スピードで回り始めると、やがて「ハイパーインフレーション」になってしまいます。そうすると、だれもがおカネをおカネとして受け取らなくなり、最終的には、おカネがおカネとして流通せず、まさに大昔の物々交換経済に後戻りしてしまいます。

ハイパーインフレーションで一番有名な例は、第1次世界大戦直後のドイツ経済でしょう。そのとき、物価水準は14京倍にまで膨れてしまいました。1京とは、ゼロが16桁の数字です。それまで安定した生活を送っていた中産階級ですら、物々交換に頼る苦しい生活を強いられてしまいました。そして、このとき生じたドイツ社会の極度の不安定化が、ヒットラーが率いたナチズムの台頭を生み出したと言われているのです。

私たちも投機家なのだ

私たちの多くは、ふだんは、ニューヨークのウォール街やロンドンのシティー、東京の兜町などの金融市場で暗躍しているプロの投機家連中を、自分たちとは異なった種類の強欲きわまりない人間だと考えています。だが、その私たちが給料をもらうとき、あるいはコンビニでおにぎりを買って釣り銭をもらうとき、潜在的には、金融市場における投機家と同様の「投機」活動をおこなっているのです。そして、経済がデフレになって、おカネをタンス預金し始めたときには、結果的には、値上がり益を求めて積極的に株式を購入してバブルを引き起こすプロの投機家顔負けの投機家となっています。また、経済がインフレになって、おカネをできるだけ早く使おうとし始めたときには、相場の急落に直面して株式を売り急ぎ、株式市場をクラッシュさせるプロの投機家と、結果的には同じ投機行動をしているのです。そして、私たちが、このようにじっさいにおカネについての投機活動をし始めると、おカネはおカネとしての働きを止めてしまい、資本主義社会には恐慌あるいはハイパーインフレーションという大危機が訪れてしまうのです。

貨幣を基礎とする資本主義社会とは、その貨幣が潜在的にはもっとも純粋な投機対象であることによって、本質的に不安定な社会であるのです。

中央銀行の誕生——自由放任主義の限界の学習

イギリスの中央銀行「イングランド銀行（ＢＯＥ）」が設立されたのは、名誉革命後の１６９４年です。名誉革命は、ブルジョワジー（中産階級）の商人が中心となり、敬虔なカトリック信者であったジェームズ2世を追い出し、オランダからプロテスタントであったオレンジ公ウィリアムを王として迎え入れたブルジョワ革命です（ただ、名誉革命のこのような解説は、イギリス中心主義的な解説で、この革命は、じつは、オランダ主導のオランダ＝イギリス連合の成立と見なすほうが実態に近いと言われています）。当時のイギリスはカトリック国のフランスといろんなところで戦争をしていたため戦費がかさみます。だが、王室にはおカネがない。そのため、革命によって政権を掌握したブルジョワジーが、王室の財政を助けるために、議会の承認を得て、株式会社として設立したのがイングランド銀行でした。出発点は、株式会社としての民間銀行だったのです。

ただ、出発点は民間銀行でしたが、資金力ではイギリス最大の銀行ですし、なにしろイギリス王室の最大の債権者です。その大きな信用力によって他の銀行の手形を引き受けたりするうちに、イングランド銀行発行の手形（銀行券）が次第に金貨の代わりに紙幣として流通し始め、イギリスの金融システムの頂点に君臨するようになります。とくに、19世紀に入り、イギリス資本主義、そして最盛期を迎えたイギリス帝国を頂点とするグローバル資本主義が、ほぼ10年周期の景気循環を経験し始めます。その不況局面で、取り付け騒ぎで経営危機におちいった銀行に緊急融資を繰り返す中で、イングランド銀行は次第に、みずからの公共的な役割を意識するようになったと言われます。すなわち、「銀行の中の銀行」として、あるいは「最後の貸し手」として、経済危機においては自行の利益は後回しにして、他銀行に対して可能な限り（ただし、うんと高利で）融資をし始めたのです。そうしなければ、イギリス資本主義全体、ひいてはグローバル資本主義全体を不安定にしてしまうということに気がつき始めたからです。そのうちに、平時でも、景気循環を和らげるために、銀行券の発行量を調整するようにまでなります。そして、イングランド銀行は公共の目的である経済の安定化のために金融政策を決定する事実上の「中央銀行」に、自生的に「進化」していったのです。

もちろん、実際には、こんなきれい事ではなく、株価の下落を嫌う株主からの圧力が常にありましたし、重役のほとんどはロンドンの有力な商家が世襲で占めており、自分のポケットを肥やすことしか考えなかった人物も多く、イングランド銀行は不正やスキャンダルの巣窟としても知られています。それでも、その紆余曲折の歴史の中から浮かび上がってくるのは、資本主義経済の本質的な不安定性に直面した一民間銀行が、ほかの民間銀行のように自己利益のみを追求するのではなく、みずからが意識的に公共の利益を目的とした金融政策を実施しなければ、資本主義経済全体の安定性は保てないということを経験から学びとった、いや、学びとらなければならなかったという事実です。そして、第2次大戦後の1946年には、労働党政権下でイングランド銀行は正式に国有の中央銀行に転換しました。[17]

イングランド銀行の歴史は、資本主義経済においては、自由放任主義的な思想が本来的に矛盾を抱えていることを示唆しているのです。

ビットコイン資本主義の不可能性

第1章の最後に、ビットコインが制覇したグローバル資本主義を空想することは、まさにこの純粋に自由放任主義的な資本主義が果たして可能かどうかを問うことである、と述べました。その問いに対する答えは、もはや明らかでしょう。そのような資本主義はかならず滅びてしまいます。

なぜならば、ビットコインがまさに「分散化」された仮想通貨だからです。それは、国家や中央銀行、さらには通常の意味での銀行を排除し、貨幣の供給もニセ金のチェックもすべて利潤動機にもとづく自由競争に委ねるように設計されています。だが、ビットコインが唯一の貨幣になったとしても、貨幣は貨幣です。それは、したがって、もっとも純粋な投機であり、必然的に貨幣のバブルである恐慌や貨幣のパニックであるハイパーインフレーションを引き起こしてしまいます。だが、ビットコインが制覇した資本主義社会においては、そのような社会全体の危機において、自己利益の追求を一時的にでも抑えて、社会全体の安定性のために行動してくれる公共的な機関が一つも存在しません。したがって、そのような資本主義社会は資本主義社会の本質的な不安定性によって、かならず滅びてしまう運命にあるのです。

ビットコインは、投機商品になったことによって貨幣になる可能性を消してしまいましたが、万が一、貨幣になったとしても、そのビットコインを貨幣として使う資本主義社会自体が必然的に崩壊してしまうということなのです。以上の議論は、もちろん、ビットコイン登場の背後にあったハイエクの『貨幣発行自由化論』が、まったくの誤りであるということをも意味しています。

「貨幣はレヴェラーズ」です。貨幣は人間に「自由」を与えました。だが、貨幣を基礎とする資本主義社会は、本質的に不安定です。その不安定性を放置しておくと、資本主義社会自体を危機におとしいれてしまいます。その行き着く先は、ポピュリズムか全体主義です。

自由を守るためには、自由放任主義思想とは決別しなくてはならないのです。

第4章

「資本主義」の発見
——アリストテレスと「近代」

ポリスの思想家、アリストテレス

第2章で取り上げた「万学の祖」アリストテレスに再び登場してもらいましょう。

「すべての共同体は何らかの善を目的としているが、他のすべてを包括し、最大の善を目標としている最高の共同体。それがポリスである。」

これは、『政治学』の冒頭の文章です。ここで出てくる「ポリス」という言葉は、アリストテレス自身が半生をすごしたアテナイのような「都市国家」を意味しています。現代英語の警察（ポリス）や政治（ポリティクス）の語源です。アリストテレスは「ポリスの思想家」です。人間は孤立しては生きられない。自然（本性）によって、「共同体」の中で生きることを運命づけられている存在だと考えていました。『政治学』という書物の目的は、アテナイのような「ポリス」こそ、「最高の共同体」であることを示すことにあったのです。(18)

そのために、アリストテレスは、ポリスを最小単位に分解することから始めます。ただ、最小単位は近代のような個人ではありません。共同体としての「家」です。夫婦と子供と（古代ギリシャはドレイ社会でしたので）ドレイによって構成される家。それが、古代において人間が自足的に生きていくための最小限の単位であったからです。

だが、人間には日々生きていく以上の目的があります。冠婚葬祭や領土防衛などのためには、複数の家が集まって、「村」となる必要があります。その村の規模がさらに大きくなると、「王国」となります。だが、とアリストテレスは問いかけます、単に共同体的な生活をするだけだったら、人間だけでなく、ミツバチやアリやツルも同じです（アリストテレスは、生物学においても、膨大な研究を残しています）。では、人間とこれらの社会的な動物との違いはどこにあるのか？

その答えは、もちろん、「言語」です。人間は自然（本性）によって「言語」を与えられている、とアリストテレスは述べます。確かに、ほかの動物も自分の快不快に応じて、声を発します。だが、人間は言語を持つことによって、単に自分自身にとって何が善であるかを表現するだけでなく、「他者との関係において」何が「善」であるかを考えることができるようになると言うのです。そして、他者とともにその善をどうしたら実現できるかを議論でき、他者とともに善く生きることを目的とすることができるようになる。『ニコマコス倫理学』の中でアリストテレスは、このような「他者との関係における善」を「正義」と呼びます。そして、それこそが「宵の明星も明けの明星もこれほどすばらしくはない」最高の善であると述べているのです。[19]

ただ、正義は、村や王国では実現できません。村の長老や王国の君主は独善的になりやすい。それを防ぐためには、公平な法律を制定し公正な裁判を行える国家的な制度が不可欠となります。そのための共同体、それがポリス（都市国家）であると、アリストテレスは考えるのです。したがって、ポリスこそが、家、村、王国と発展してきた共同体の最終形態であり、「最大の善」を実現している「最高の共同体」であるというわけです。

アリストテレスはこう結論します――「人間は自然（本性）によってポリス的動物である。」

『政治学』の中にあるこの言葉は、人文社会科学の中でもっとも有名な言葉の一つです。ポリスという共同体の中において初めて人間は、自然が与えてくれた言語によって可能となった「他者とともに善く生きる」という目的を、最高度に実現できるからだというのです。

2010年に出版されたマイケル・サンデルの『これからの「正義」の話をしよう』が、世界的なベスト・セラーになったことを記憶している人も多いと思います。ハーバード大学での熱血授業を書籍化したこの本によって、アリストテレスの思想がポピュラーになりました。[20]サンデルは「コミュニタリアニズム（共同体主義）」という思想潮流の提唱者の1人ですが、コミュニタリアニズムとは、一言で言えば、「ポリスの思想家」としてのアリストテレスへの回帰の呼びかけであるからです。現代社会の混迷から脱却するためには、人々が古代ギリシャのポリスの市民のように、共同体全体にとって何が善であるかを絶えず議論し、共同体全体の運命に関心を持てるように政治を転換すべきだと、主張しているのです。

しかしながら、アリストテレスが単にコミュニタリアニズムの先駆者であっただけなら、私はここで取り上げてみようとは思いません。それでは、アリストテレスの偉大さを読み逃してしまうからです。私がこれから示そうと思っているのは、アリストテレスの真の偉大さとは、実は、誰よりも深くポリスという共同体を思考したことによって、「ポリスの思想家」を超えた思想家となってしまったことにあることです。

ポリスは貨幣を必要とする

では、アリストテレスが単なる「ポリスの思想家」を超えた思想家であるとは、どういう意味なのでしょうか？

英語で経済を意味するエコノミーの語源は、ギリシャ語の「オイコノミア」です。オイコスとノモスという二つの言葉の合成語です。オイコスは「家」を意味します。ノモスは広くは「人為」や「法」を意味していますが、この場合はもっと狭く、英語のガバナンスに近い「統治」という意味で使われています。その二つの意味を重ね合わせたオイコノミアとは、家の統治、すなわち「家政」にほかなりません。それが、はるか後の19世紀になり、国民国家の登場とともに国民経済という概念が生まれると、その国民経済の統治を意味するようになり、さらには経済それ自体を指すようになったのです。そうです。経済学とは、家政学から出発したのです。

家政とは、本来は共同体の「自足性」の実現を目的とした活動です。それは、家においては家長が家族やドレイをどう統治したらよいのか、さらにポリスになると指導者が市民をどう統治したらよいのかという問題に加えて、生活に必要なモノの獲得に関わる経済活動を必然的に含むことになります。

共同体が家の段階にあるときは自給自足が原則です。牧畜や農業や狩猟や漁業や略奪によって必要なモノを手に入れます。共同体にとってのヨソ者は動物と同じですから、ヨソ者の持ち物を略奪することが自然と見なされる経済活動の中に正々堂々と含まれているのが面白い。次に、村や王国の段階になると、物々交換が始まります。家と家がそれぞれ余った生産物をおたがいに交換するのです。

ところが、共同体がその最高の段階であるポリスにまで発展すると、「必然的に〈貨幣〉の使用が工夫されるに至った」とアリストテレスは述べます。

ポリスとは、単に生きるためでなく、他者とともに善く生きるための共同体です。その中には、医者も家具職人も大工も農民も住んでいます。このように多様な職業を持つ市民がポリスの中でちゃんと共同して生きていくためには、それぞれ自分が提供できるモノ（またはサービス）を正しく交換し合う関係を作らなければなりません。

しかしながら、このような交換関係は、物々交換では困難です。なぜならば、靴を作る靴職人が家を1軒欲しいとき、その欲求を物々交換で満足させるには、家を1軒持っていて靴が何百足も欲しい人を見つけなければなりません。アリストテレスは、このような状況のことを「相互的な必要が存在」している場合と呼んでいますが、現代の経済学では「欲求の二重の一致」と呼ばれています。いま世界中で使われている経済学のどの教科書を開いてみても、その最初のほうに、物々交換とは欲求の二重の一致を必要とするひどく非効率的な交換の仕方だと書いてあるはずです。なんと、そのことを最初に定式化した人間がアリストテレスなのです。もちろん、人々の職業が多様になればなるほど、よほどの偶然でもない限り、欲求が二重に一致することなどありません。

したがって、ポリスの中で靴職人や大工や農民や医者といった異なった職業を持つ市民同士が、自分が提供できるモノを自分が必要とするモノと交換して生きていくためには、欲求の二重の一致を迂回しなければなりません。まさにそのために、「貨幣は発生した」とアリストテレスは言うのです。

貨幣の思想家

アリストテレスは『ニコマコス倫理学』の中で、「貨幣」とは「あらゆるものの場合を包むところの必要」の「代表者」として、「交換されるべき事物をすべて比較可能」にする「媒介物（メソン＝中間者）」であると述べています。[21] これらの言葉が何を意味しているのかわからなくても当然です。アリストテレスの著作の多くは、弟子たちの講義ノートを編集したものですが、『ニコマコス倫理学』のこのあたりの議論は意味不明な箇所も多く、弟子たちもよくわからないままノートを取っていたように見えます。じっさい、その解釈をめぐってはこれまでさまざまな論争が引き起こされているのですが、この論争には足を踏み入れないでおきましょう。[22] ここでは、同じ『ニコマコス倫理学』の中に、「貨幣を持っていけば、もし何ものかの必要が生じたときには、それが手に入る」という文章があることに注目してみましょう。それは、アリストテレスが貨幣のことを、現代の経済学でいう「一般的な交換手段」と考えていたことを示しているからです。すなわち、どのようなモノとも交換に人が受け取ってくれるもの――それが貨幣です。

じっさい、靴を作る靴職人がそれと引き換えに家を造る大工から家を手に入れようとしても、物々交換ではほとんど不可能です。だが、貨幣という一般的な交換手段が存在していれば、靴職人はまず靴を欲しい人におカネと交換に靴を売り、何百足も売って十分なおカネをためてから、そのおカネを大工に与えれば、晴れて1軒の家を手に入れることができます。まさに貨幣という「媒介物」によって、何百足の靴と1軒の家とが、間接的にですが、交換可能になるのです。

ポリスの中で異なった職業の人々が共同生活を営むためには、彼らが提供できる異なったモノやサービスを交換しなければなりません。「本当」は、「かくも著しい差異のあるものが通約的になる」のは「不可能」なはずなのですが、それも貨幣という「媒介物」によって可能になると、アリストテレスは論じたのです。ポリスが共同体として維持されるためには、貨幣の使用は「不可欠」であるというわけです。

「ポリスの思想家」であったはずのアリストテレスは、まさにポリスについての思考を推し進めているうちに、いつのまにか最初の「貨幣の思想家」になっていたのです。いや、それだけではありません。アリストテレスは、まさに貨幣についての思考を推し進めていくうちに、「貨幣」に関してだけでなく、いつのまにか「資本主義」に関しても最初の思想家となったのです。

「手段」としての貨幣から「目的」としての貨幣へ

アリストテレスにとって、ポリスとは、他者とともに善く生きるという目的を、最高度に実現できる「最高の共同体」です。同時に、いま見たように、そのポリスを維持するためには「貨幣」が不可欠であるとも論じました。しかし、それだけにとどまらず、このような「貨幣」の使用は、同時に、「最高の共同体」としてのポリスの「自足性」を切り崩してしまう力を持っていることを、論じ始めるのです。

もちろん、貨幣が生まれた当初は、それは交換の「手段」としてのみ使われていたはずです。ポリスの市民は、余ったモノと交換に貨幣を手に入れ、次に貨幣と交換に必要なモノを手に入れる。貨幣はまさに、善く生きるという「目的」のための「手段」にすぎません。

しかしながら、アリストテレスはさらに論を進めていきます。貨幣交換が拡大していくと、「手段」と「目的」とが逆転し始めるようになると述べ始めるのです。「貨幣」とは、本来、モノを手に入れるための「手段」として案出されたはずなのに、いつのまにか、人々は「貨幣それ自体を目的とする」ようになるというのです。俗に言うと、カネ儲けが目的になってしまう。自分が欲しいモノを買うためにおカネを手に入れるのではなく、おカネで買ったモノをほかの人に売ってさらに多くのおカネを手に入れることを目的に、おカネを手に入れ始めることになる。『政治学』でアリストテレス自身が使っている大変に重要な表現を使うと、「貨幣が交換の出発点であり、終極目的でもある」経済活動が生まれてくるというわけです。[23]

この「貨幣が交換の出発点であり、終極目的である」経済活動を、アリストテレスは「商人術」と呼びます。

それでは、一体どのようにして、「手段」と「目的」の逆転が生じるのでしょうか？　当然起きる疑問ですが、残念ながら、アリストテレス自身はこの疑問にちゃんと答えてくれる文章を残していません。唯一のヒントになるのが、前節で引用しておいた、「貨幣を持っていけば、もし何ものかの必要が生じたときには、それが手に入る」という『ニコマコス倫理学』の中の文章です。この文章を手がかりにして、アリストテレスの議論のギャップを埋めてみましょう。

人間は、お腹が減るから食料を欲し、裸では寒いから（恥ずかしいから）衣類を欲し、雨露をしのぎたいから住まいを欲します。ただし、具体的なモノに対する人間の欲望は「有限」です。リンゴも1日に10個も食べれば飽きてしまいます。上着も1日に何十着も着られないし、住まいにいたっては何戸もあれば住むだけで大変です。もちろん、社会的な見栄によって、豪華な食事を繰り返したり、きらびやかな衣装を部屋に入りきらないほど揃えたり、世界各地に別荘を持ったりする人もいますが、それでも、1人の人間が欲望できるモノには限りがあるのです。

これに対して、何度も繰り返したように、貨幣それ自体はモノとして食べることも、身にまとうことも、その中に住むこともできません。貨幣とは、どのようなモノとも交換できる「手段」でしかありません。だが、まさに「どのようなモノ」とも交換できる手段であることによって、すでに述べたように、どのようなモノでも、必要が生じたときには、貨幣を持っていけば手に入れられるのです。それは、言い換えれば、貨幣を持っていれば、どのようなモノでも手に入る「可能性」が与えられるということです。

じつは、ここに、「手段」が「目的」に転化する契機があるのです。

なぜならば、人間とは「可能性」それ自体を「欲望する」ことができる存在であるからです（いや、モノそのものに意味や価値を見いだすだけでなく、モノを表現したり、代表したり、勘定したりする記号それ自体に意味や価値を見いだす存在――それこそが人間であるといってもよいでしょう）。人間とは、どのようなモノでも手に入る「可能性」を、あたかもそれ自体が一つのモノであるかのように欲望することができる存在であるのです。それは、リンゴや上着や住居といった具体的なモノに対する欲望には還元できない、新たな「欲望」にほかなりません。そして、それは人間だけに可能な「欲望」なのです。

すなわち、人間は「あらゆるモノを手に入れられる〈可能性〉」を与えてくれるものとして、「貨幣」それ自体を「欲望」する。それが、アリストテレスのいう「貨幣それ自体を目的とする」ということの意味にほかなりません。あらゆるモノを手に入れる「手段」である貨幣が、具体的な一つ一つのモノとは独立に、それ自体一つの「目的」に転化したというわけです。

無限の欲望――資本主義の発見

さらに、ここが重要な点ですが、「可能性」それ自体に対する欲望には「限り」がありません。具体的なモノに対する欲望は、それが満たされてしまえば、解消されてしまいます。これに対して、「可能性」に対する欲望は満たされることはありません。なぜならば、人間に想像力がある限り、人間は「可能性」を無限に想像することができるからです（これは、もちろん、人間は言語によって、今ここに存在していない事物についても思考することができるからです）。たとえ豪華な食事にもきらびやかな衣装にも世界各地の別荘にも飽きたとしても、まだこれまで経験したことのない何かを無限に想像できます。いや、人間はこの世にまだ存在していない何かについて、さらに想像すらできない何かについてさえ想像できます。それゆえ、「可能性」それ自体としての貨幣――その貨幣に対する欲望には、限りはありません。無限です。

「無限の欲望」――人間は、貨幣の出現によって、まさに無限の欲望を身につけてしまったというわけです。

ところで、人が手に持っているモノを交換するのは、もちろん、それとは異なったモノを手に入れるためです。だが、アリストテレスのいう「商人術」の場合は、出発点も終極点も同じ貨幣です。では、なぜ、貨幣によって貨幣を手に入れようとするのでしょうか？　それは、もちろん、同じ貨幣であっても、出発点の貨幣量よりも終極点の貨幣量を大きくしたいからです。すなわち、貨幣の量を増やしていくためであるのです。

それだけではありません。その終極点における貨幣は、新たな出発点として、さらに大きな貨幣の量を終極目的にすることになります。なぜならば、貨幣それ自体に対する欲望には限りがないからです。１０００万円を手にしても、１０００万円が欲しくなります。１０００万円を手にしたら、１億円が欲しくなります。終極点が新たな出発点になり、新たな終極点がさらに新たな出発点となっていくこのプロセスに、限りを見いだすことはできません。すなわち、ここに、一層大きな貨幣の量を永久に求め続ける「貨幣の無限の増殖」が始まってしまうことになるのです。

「貨幣の無限の増殖」を求める経済活動――それは、いうまでもなく、「資本主義」

のことです。アリストテレスが「商人術」と名付けた経済活動とは、まさに「資本主義」にほかならないのです。

アリストテレスは、「資本主義」を発見してしまったのです。貨幣それ自体の無限の増殖を求める経済活動としての「資本主義」です。マルクス経済学について少しでも勉強した人ならば、『資本論』の中でマルクスが「資本の一般的定式」と名付けた「G（貨幣）－W（商品）－G＋ΔG（増殖した貨幣）」という図式は、アリストテレスがその2200年も前に提示していた「商人術」に関する議論を全面的に踏襲していたことに気がついたはずです。

近代における無限と古代における無限

「無限」とは、近代においては、絶対的にプラスの価値を持つ言葉でした。啓蒙主義者もマルクス主義者も、みな人類の無限の進歩を信じていました。

たとえば近代ドイツを代表する作家のゲーテが詩劇『ファウスト』で描いたファウスト博士は、宇宙に関するすべての知識と世界にあるすべての快楽を無限に求め続けるまさに近代精神の体現者として登場します。[24] 人間の有限性ゆえにその追求が妨げられていることに絶望しているファウストの目の前に、突然、悪魔メフィストフェレスが現れます（第2章で、このメフィストフェレスの一つのモデルがあの「お尋ね者」ジョン・ローであったことを述べておきました）。そして、私と契約すれば、人間であることの限界を超えてさらなる知識とさらなる快楽を追求させてあげると、ファウストをそそのかすのです。そのそそのかしに心を動かされ、ファウストはメフィストフェレスと契約を結んでしまう。それは、もし自分がある「瞬間」に向かって「とまれ！　お前はあまりにも美しい！」と叫んでしまったら、自分の魂を悪魔に手渡すという契約です。その「瞬間」とは、まさに近代精神が有限性に満足してしまい、無限の追求をあきらめた瞬間にほかなりません。近代精神の体現者ファウストにとっては、無限への欲望を失うことは、地獄に墜ちることと変わらなかったのです。

この「無限」という言葉が必ずしもプラスの価値を持たなくなったのは、経済成長による地球環境の破壊が深刻になってきた、つい最近のことです。それは、まさに「近代」の「終わり」――ポスト近代――を意味しているのです。

これに対して、古代ギリシャ語で「無限」を意味する「アペイロン」という言葉は、不完全や未完成や無秩序といった、負の価値を持つ言葉です。もっと言えば、「悪」です。アリストテレス自身も『自然学』の中で「無限とは一つの欠陥であり、完全ではなく、限界の欠如である」と述べています。(25)

なぜ、無限は悪なのでしょうか？　この章は「すべての共同体は何らかの善を目的としている」というアリストテレスの言葉から始めましたが、アリストテレスは、共同体のみならず、すべての事物は何らかの「善」を目的にした存在だと考えていました（アリストテレスはつねに目的論的に思考します）。ということは、「善」という目的が実現されると、もはやそれ以上には何も望む必要はなくなりますから、「善」とはそれ自体で「自足」している状態であると言い換えることができます。すなわち、「善＝自足性」です。逆に、それ自体で自足していないことは、「不善」、いや「悪」となります。もちろん、「無限」を目的にすることは、決して「自足」の状態に達することがないことを意味します。まさに、不完全そのもの、未完成そのもの、無秩序そのものです。すなわち、究極の「悪」であるというわけです。

ポリスの存立の可能性＝ポリス崩壊の可能性という「逆説」

したがって、「ポリスの思想家」アリストテレスは、みずからがポリスの内部に発見した商人術＝資本主義を、まさに無限という「悪」を求める活動として、断罪することになります。ポリスにおいては、医者にはほかの人を健康にするという本来の目的があり、軍人には戦争に勝利するという本来の目的があります。だが、ひとたび商人術＝資本主義が生まれてしまうと、そういう医者や軍人さえも、ポリス本来の目的に尽くすべき医療や軍事の能力を、貨幣それ自体を増やすという、決して満たされることのない目的のための手段として使い始めてしまうのです。人々は「善く生きることではなく、ただ生きることに熱中する」ようになってしまうとアリストテレスは嘆きます。商人術＝資本主義とは、他者とともに善く生きるという目的を最高度に実現できる「最高の共同体」であるべきポリスから、その「自足性」を奪い、まさに内部から解体してしまう力を持ってしまうのです。

しかしながら、アリストテレスが資本主義を断罪したこと自体は、ここでは重要ではありません。そのような断罪は、アリストテレスに限ったことではないからです。いや、先ほど名前をあげたマイケル・サンデルをはじめとして、古今東西、共同体的な立場から世界を見る人間は、それこそ無限に資本主義批判を繰り返してきました。

本当に意味があるのは、「ポリスの思想家」アリストテレスが、ポリスという共同体のあり方についてもっとも深く思考したがゆえに、資本主義に対する本能的な嫌悪にもかかわらず、もっとも卓越した「資本主義の思想家」にもなってしまったということです。

しかも、ポリスと資本主義という、全面的に対立しているはずの二つのシステムの間に必然的に存在する「逆説的」な相互依存関係を見いだしてしまったのです。貨幣という媒介物は最高の共同体としてのポリスを維持するために不可欠です。だが、その貨幣が無限の増殖を求める資本主義を必然的に生み出し、ポリスそれ自体の自足性を内部から掘り崩してしまう。ポリスの存立の可能性を生み出す貨幣それ自体が、ポリスそれ自体を崩壊させる可能性を生み出してしまうという逆説――アリストテレスは、この根源的な逆説から決して目をそらさなかったのです。

私は、この「逆説」の発見こそ、人類史上最大の発見の一つだと思っています。

古代ギリシャは「近代」だった

アリストテレスの『政治学』と『ニコマコス倫理学』を、毎回驚きとともに読み返しながら、ながらく私が疑問に思っていたことがありました。それは、たとえ「万学の祖」と呼ばれるほどの学識を持っていたとしても、なぜ今から2400年も前に生まれたこの「古代人」が、資本主義に関して、これほどまでに深い洞察に達することができたのか？という疑問です。

その疑問に答えてくれたのが、リチャード・シーフォードというイギリスの古典学者でした。2009年のことです。私はベルリン自由大学で開催された「貨幣ワークショップ」に招かれました。参加人数は15人と小規模でしたが、社会学者、経済学者、政治学者、哲学者、考古学者、古典学者、さらにはどういうわけだか1人の物理学者まで招かれていた、まさに「学際的」な国際会議でした。私は急いで書きあげた「自由放任主義の第二の終焉――貨幣の自己循環論法と資本主義の必然的不安定性」

という題名の論文を報告しましたが、シーフォードもこの会議に招かれており、「ギリシャによる貨幣の発見」と題する論文を報告したのです[26]。

シーフォードは古代ギリシャの文学や思想や宗教に関する研究の大家です。そのシーフォードが言うには、自分は古代エジプトや古代メソポタミアの文明も研究してきたが、現代社会に住む人間としてはこれらの古代文明は「絶対的な他者」としてしか感じられない。だが、古代ギリシャ文明は違う。宇宙を客観的に支配する普遍的な法則について思考する哲学。自立した市民が等しい投票権を持つ民主制度。共同体的な規範を失ってしまった人間が犯す悪行や愚行を描いた悲劇や喜劇。紀元前6世紀から4世紀にかけての古代ギリシャで誕生したこれらの哲学や民主制度や文芸は、ほとんど「われわれ自身」の哲学や民主制度や文芸のように感じる。自分は、それがなぜなのかをずっと考え続けてきた。そして、最終的に到達したのは、「紀元前6世紀のギリシャのポリスが、歴史上もっとも早く全面的に〈貨幣化〉された社会であったからだ」という結論であると述べたのです。シーフォードが達したこの結論は、彼自身が意識した以上に大きな意味を持つものでした。

この会議の10年前にこの言葉を聞いたとしたら、私はびっくりしたと思います。その頃まで私が持っていた古代ギリシャ経済のイメージは、経済人類学者のカール・ポラニーの『大転換』（１９４４年）や『人間の経済（下）』（１９７７年）、さらにその生徒であった古典学者モーゼス・フィンレーの『古代経済』（１９７３年）が描いたものでした。[27] それは、国家主導の中央集権的な再分配システムとしての古代ギリシャ経済です（古くからの自給自足的な家政も存続していました）。もちろん、ポラニーもフィンレーも、ギリシャのポリスに市場や貨幣が存在していたという事実は否定しません。だが、市場も貨幣も再分配システムの付属物の域を出るものではなく、市場経済の真の成立は18世紀末のイギリスの産業革命を待たなければならなかったと主張していたのです。

しかし、その後の古代ギリシャに関する考古学や古銭学の研究の急速な進展は、このようなイメージを大きく揺り動かしてしまいました。[28] もちろん、古代ギリシャ社会はドレイ社会でしたし、その生産技術は原始的でしたし、しかも共同体的な生活が中心であった時代の記憶がまだ色濃く残っていましたから、その市場経済を現代の資本主義経済と同一視するのは馬鹿げています。しかしながら、すくなくとも紀元前6世紀には、ギリシャのポリス内ではコイン（鋳造貨幣あるいは硬貨）が広く流通し、十分に発達した市場において一般的な交換手段として使われていたことは、今では疑いえなくなっているのです。

貨幣と哲学

では、なぜ貨幣の流通が、紀元前6世紀のギリシャのポリス（都市国家）において、「近代」にそのまま通じる哲学、民主制度、そして文芸を生み出したのでしょうか？

それは、一言で言ってしまうと、まさに貨幣が「一般的な交換手段」であるからです。貨幣という媒介物によって、それぞれが多種多様な性質を持っているこの世のすべてのモノが、一つの抽象的な価値に還元されてしまうからです。(29)

私たちが子供のころに読んでいたギリシャ神話では、宇宙全体が神々の王ゼウスによって一つの王国のように支配されています。ギリシャ神話の伝承は紀元前15世紀にまでさかのぼると言われていますが、それが示唆するのは、貨幣が浸透する以前の共同体的な社会においては、宇宙全体の秩序は人間社会の力関係をそのまま投影することによって理解されていたということです。

これに対して、紀元前6世紀前半、イオニア地方（現トルコ領のアナトリア半島の南西部）の都市国家ミレトスにおいて初めて、ギリシャ神話的な世界観から決別し、宇宙全体を客観的な法則に普遍的に従う合理的な秩序としてとらえる考え方が誕生しました。タレス、アナクシマンドロス、アナクシメネス、ヘラクレイトスなどが唱えた自然哲学のことです。彼らは、アリストテレスによって「最初に哲学した人々」と呼ばれましたが、後にその出身地から「イオニア学派」と総称されることになります。とくに重要なのは、このイオニア学派によって、人間の日常的な感覚では雑多にしか見えない具体的な事物の背後には、すべてを統一する抽象的な普遍性が存在するという、近代科学にそのままつながる宇宙論が生み出されたことです。この宇宙論をもっとも強力に表現したのが、プラトンの「イデア」論にほかなりません。ただし、その登場はそれから3世紀近くたってのことですが。

言うまでもないかもしれません。雑多にしか見えない具体的な事物とそれらすべてを統一する抽象的なイデアとの関係は、多種多様な性質を持っている具体的なモノやサービスとそれらの価値をすべて統一的に表現する貨幣との関係に、正確に対応しています。たとえば、ヘラクレイトスは「万物はすべて流転する」という言葉で知られていますが、それよりも重要なのは、絶えず流転している万物の背後に変化しないものとしてのロゴスを見いだしたということです（ロゴスという言葉は、あまりにも多くの意味を持っているので、ここでは日本語に訳さないでおきますが、プラトンのイデアの先駆的な概念と見なすことができます）。そして、ヘラクレイトスは、このロゴスとは永遠に消えない火であると言い換えたうえで、次のような言葉を残しています。「万物は火の交換物であり、火は万物の交換物である、あたかも品物が黄金の、黄金が品物のそれであるように(30)」。もちろん、黄金とは貨幣のことです。まさに貨幣が、絶えず流転している万物すべてを統一する抽象的な普遍性の比喩として使われているのです。

ギリシャにおける哲学の起源は、これまでアルファベット文字の使用に求められたり、公共空間としてのアゴラにおける自由な討議の伝統に求められたりしてきました。だが、アルファベットはギリシャで発明されたのでも、ギリシャの中だけで普及したわけでもありません。また、最初の哲学者たちであったイオニア学派が活動の場所とした紀元前6世紀のミレトスは過酷な専制体制下にあったことが知られていますし、あのアテナイに民主政治が導入されたのは、自然哲学の誕生から1世紀近くも後の時期であったことを、シーフォードは指摘しています。

それよりも重要なことは、紀元前6世紀前半のイオニア地方とは、古代ギリシャの中でもっとも早く「貨幣化」した地方であったということです。そして、ミレトスはその商業活動のまさに中心地となっていたのです。それは、その地で生活していた人々が、多種多様なモノやサービスと抽象的な価値としての貨幣とを日々市場で交換することを通して、プラトンのイデア論を日々実践していたということになるからです。まさにその実践の中から、近代に通じる「哲学」が誕生したと、シーフォードは論じたのです。

貨幣のない社会とは

貨幣のない社会とは、どのような社会であったのでしょうか？　それは、文化人類学の創始者マルセル・モースの『贈与論』（1922年）を読むとよくわかります(31)（あるいは、私たちの祖父母から話を聞いたり、柳田国男や折口信夫や宮本常一などの書物を読むほうが早いかもしれません)。その中でモースは、貨幣以前の社会関係を、贈り物とその返礼によって構成される「互酬的」な贈与交換の体系として描き出しています。

モースは、たとえばニュージーランドの先住民マオリ族が、贈られたモノの中には、返礼を怠った受け取り手を殺してしまう魔術的な力が吹き込まれていると信じていたことを指摘します。人にモノを贈ることは、受け取る側にかならず返礼の義務を負わせることになり、一方からの贈与と他方からの返礼とのあいだの果てしない繰り返しがひきおこされることになるのです。モースは、古代的な共同体とは、このような互酬的な贈与の交換によって形づくられる社会関係の総体として理解しうると主張したのです。

逆に、贈り物に返礼しなかったり、贈り物を受け取らなかったり、贈り物をすることを拒否したりすることは、相手を敵と見なすことに等しいのです。それは、復讐が復讐をよぶ、果てしのない戦争状態をもたらすことになります。貨幣以前の社会とは、まさにウチとソトとを峻別し、ウチ輪の人間同士は絶えざる交換によっておたがいの間の緊密な関係を確認し続けるのに対し、ソトの人間は敵でしかなく、交換関係を結ぶことができません。社会としては非常に安定していますが、ウチ輪の人間関係のしがらみから逃れられない自由のない社会です。

貨幣と民主制、貨幣と悲劇

紀元前6世紀半ばに古代ギリシャで初めてコインが作られ、その後ギリシャのポリスは急速に貨幣化します。それは、アテナイの「民主制」の起源と見なされる五百人評議会が始まった紀元前508年にはるかに先立っています。貨幣は、マルクスがいったように「レヴェラーズ（平等派）」です。その流通は、まさに互酬的交換によってお互いが緊密に結びつけられていた共同体的な束縛から「個人」を自由にし、一人一人が独立した一市民として議会で投票する民主制の発展をうながしたというのです。まさにおカネの下の平等が、法の下の平等を生み出したというわけです。

さらにまた、貨幣経済では、たしかに個人は、貨幣さえ所有すれば共同体的なきずなを必要としなくなりますが、それは同時に、その個人を神々からも血族からも切り離し、孤独な存在にしてしまいます。まさにそのような個人の徹底的な「孤独」に焦

点を当てているのが、ギリシャ悲劇なのです。それだからこそ、同じ「孤独」の中に生きている「近代人」も、古代ギリシャの三大悲劇詩人、アイスキュロス、ソポクレス、エウリピデスの作品に対して全面的な感情移入が可能になるのです。じっさい、現在でも、世界中で彼らの作品やその翻案が上演され続けているのです。

その個人の孤独をもっとも先鋭的に体現しているのが、僭主です。ギリシャ語ではティラノスと言い、それはたとえば恐竜のティラノサウルスの語源となっています。僭主とは、古代ギリシャが貴族制から民主制に移行する時期に、血統によらずに、みずからの実力によって非合法的に権力を掌握した個人です。彼らは、共同体的な規範を切り捨て、無限の蓄積を可能にする貨幣の力を借りて、まさに権力それ自体を無限に求め始めるのです。そして、その孤独な追求の過程で、自分の血族を殺し、自分の愛する人を傷つけ、神々すら冒瀆し、最終的には、自らの破滅をもたらしてしまうことになるのです。

吟遊詩人ホメロスの叙事詩『イーリアス』や『オデュッセイア』が成立したのは紀元前9世紀ごろだといわれていますが、その物語は互酬的な贈与交換が支配していた当時の社会構造を反映しています。その中に数多く登場する「英雄」たちは、なんら

かの贈与やもてなしを受けたならば、みずからの血族や王国の名誉を守るために、どんな苦難を乗り越えてもそれに相応しい返礼を相手にしようとします。たとえその贈与やもてなしが幾世代前のものであったとしても、です。逆に、辱めを受けたら、やはり末代まで汚名をそそぐ戦いを続けるのです。しかしながら、この「英雄」という言葉は、紀元前5世紀になって書かれたギリシャ悲劇からは消えてしまいます。その代わりに、「僭主」という言葉は100回以上も登場するようになったことをシーフォードは指摘するのです。

ふたたび、アリストテレス

紀元前6世紀以降の古代ギリシャ社会は、すでに「近代社会」と呼べる社会であったのです。その「近代性」は、古代ギリシャ社会がまさに全面的に「貨幣化」された社会であったからだというのが、シーフォードのテーゼであるのです。

実は、「貨幣」についてながらく考えてきた私自身も、「近代性」の根源に「貨幣」を見いだすようになっていました。ただ、経済学者の私がそのようなことを主張しても、我田引水で、だれも本気に取ってはくれません。ところが、経済学とは何の利害関係もない、いや多くの場合学問的な利害が対立することの多いギリシャ古典の権威が、みずからの文献的研究や歴史的研究の成果にもとづいて、それ以外の説明はありえないと断じてくれたのです。私は、ベルリンの小さな会議で大いなる援軍を得た気持ちになりました。

アリストテレスは、まさに最初の「近代社会」に生きたことによって、貨幣と資本主義について最初に深く思考することができた思想家であるのです。しかも、その思考は、貨幣についての、そして資本主義についてのもっとも根源的な思考ですらあったのです。

しかし、アリストテレスが明らかにした貨幣をめぐる逆説――ポリスの存立を可能にする貨幣それ自体がポリスそれ自体を崩壊させる可能性を作り出してしまうという逆説――は、歴史の中でいつのまにか忘れさられてしまいました。

グローバル資本主義とアリストテレス

資本主義は貨幣から生まれています。貨幣とは一般的な交換手段です。それは、この世にあるすべてのモノやサービスを、一つの価値――貨幣価値――に換算してしまいます（ドルやユーロや円といった異なった通貨の単位の違いは、為替レートによって同一化できます）。その「貨幣」の「無限の増殖」を求める経済活動が資本主義にほかなりません。したがって、それは「利潤」を追い求めます。そして、その行動原理は単純明快です。

他人に売ったすべてのモノやサービスの価値を「足し算」すると「収入」が計算できます。他人から買ったすべてのモノやサービスの価値を「足し算」すると「費用」が計算されます。「利潤」は「収入－費用」ですから、あとは「引き算」をすればよい。引き算がプラスになれば、その活動にさらにおカネを投入すればよい。引き算がマイナスになれば、その活動からおカネを引き上げればよい。プラスなら、ＧＯ。マイナスなら、ＰＵＬＬです。

資本主義とは、まさに「足し算」と「引き算」だけで動いているシステムなのです。「足し算」と「引き算」は、もちろん、もっとも単純な「算術」の原理です。われわれ人類は、どんな文化に育っていても、足し算と引き算ならばできるはずです。ということは、その足し算引き算のみを行動原理にする資本主義は、人類にとってまさに「普遍的」なシステムであるということです。ですから、資本主義は必然的に「グローバル化」するのです。そして、すでに見たように、実際に「グローバル化」してきました。

じつは、アリストテレスが古代ギリシャのポリスの内部に「商人術」＝資本主義を発見するはるか昔から、資本主義は存在していました。たとえば古代メソポタミアの商人は、すでに紀元前の6000年以上も前から、大きな船団を組んでユーフラテス川を行き来したり、小さな隊商を組んでラクダに乗りながら砂漠地帯を渡ったりして、石英ガラスや黒曜石や瀝青《れきせい》などさまざまなモノを広範に交易していたことが知られています。彼らは地理的に離れた二つの市場のあいだに入り込み、一方の市場で安いモノを他方の市場で高く売って利潤を生み出すという、商業中心の資本主義を実践していたのです。そして、このような商人の活動によって、太古から近代まで、地球上に点在する大小遠近さまざまな市場が、紆余曲折を経ながらも次第次第に結びつけられていくことになりました。だが、商業資本主義のもとでは、その結びつきはあくまでも1次元的なものでしかありません。点と線の外へ一歩足を踏み入れると、いまだに市場化されていない地域が茫漠と広がっていたのです。

18世紀末にイギリスに登場した産業資本主義は、19世紀から20世紀にかけて西ヨーロッパや北アメリカや日本にも拡がりました。それは、近代的な大工場で大量に生産される工業製品を安価に売りさばく場として、それぞれの国民国家の内側にいわゆる国内市場を形成していくことになりました。それによって、それまで地球上に点在していただけであった市場も、その表面を2次元的に覆い始めることになります。ただ、その産業資本主義自体は、経済的な自立をもとめる国民国家、とりわけ後発の国民国家によってさまざまな方法で外国との競争から保護されていました。近代の産業資本主義のもとで、市場は2次元的な拡大をとげることになったとはいえ、それが支配する領域は依然として部分的であり、しかも国民国家ごとに色分けされたままでした。

20世紀の最後の四半世紀、先進資本主義国において、産業資本主義がポスト産業資本主義に大きく転換しました。それは、同時に、資本主義全体を大きく「グローバル化」することになりました。

それは、農村共同体に滞留していた過剰な労働人口が枯渇し、もはや国内では低賃金で労働者を調達できなくなってしまった先進資本主義国の産業資本が、賃金の低い発展途上国や新興工業国に積極的に投資するようになったからです。それはまた、国内市場を狭く感じる先進資本主義国の産業資本が、GATT（関税及び貿易に関する一般協定）やWTO（世界貿易機関）に圧力をかけて関税率を大幅に引き下げ、国民国家の国境を越えて積極的に販売活動をおこなうようになったからでもあります。それはさらに、ポスト産業化の流れの中で、金融を中心とした商業資本が、古き良き時代における遠隔地交易とは比較にならないほどわずかな価格の差異、さらには利子率の差異をもとめて積極的に資本移動をおこなうようになったからでもあります。

それによって、2次元的に拡がる市場がまさに地球全体を覆い尽くす「球面」になってしまいました。グローバル資本主義の成立です。

そして、そのグローバル資本主義の下で、それまで資本主義に対抗してきた共同体的な慣習や規範、社会的な連帯意識や、国家や中央銀行による規制や介入といった

「外部」が急速に弱まりつつあります。まさに純粋に「自由放任主義的な資本主義」が地球規模で生まれつつあるということです。

その結果、繰り返される金融危機、先鋭化する所得格差、そして急速に進む地球温暖化といったかたちで、資本主義に本来的に内在している不安定性や不平等性や不可逆性が顕在化しつつあるのです。

21世紀第1四半期、私たちはいま、外部を失ったグローバル資本主義の中で、ギリシャ悲劇に描かれたあの僭主のような運命をたどりつつあるのです。

その危機の中、私たちは、アリストテレスが発見した貨幣をめぐる逆説——ポリスの存立を可能にする貨幣それ自体がポリスそれ自体を崩壊させる可能性を作り出してしまうという逆説——あの逆説を、資本主義の存立を可能にする貨幣それ自体が資本主義それ自体を崩壊させる可能性を作り出してしまうという、グローバルな規模での逆説として再発見しつつあるのです。

この逆説に立ち向かうには、アリストテレスが言う「他者との関係における善」について、もう一度考え直す必要があります。そして、そのためには、ドイツの哲学者イマヌエル・カントの倫理学が、重要な手掛かりを与えてくれるはずです。なぜならば、資本主義の「普遍性」に匹敵しうる「普遍性」を持つ対抗原理は一つしかないからです。「他のすべての人間が同時に採用することを自分も願う行動原理によってのみ、行動せよ」と命ずるカントの道徳律です。(32) それは、まさに普遍化が可能であることのみを条件とした純粋に普遍的な行動原理にほかなりません。しかも、おたがいの同意さえあれば各人の自己利益追求を許すという意味では、資本主義と両立します。そして、他者を一方的に搾取することを禁ずるという意味では、環境破壊や格差拡大や金融投機といった資本主義の暴走の歯止めとなりうる原理でもあるのです。

カントについて、倫理について、人間が倫理的な存在になることを可能にする言語については、NHK「欲望の貨幣論2019」の中で、断片的にですが語ってみました。だが、これらの問題について、文章のかたちで論ずるためには、まだ相当の準備作業が必要です。すでにこの本は、予定よりもはるかに長くなっています。少なくとも貨幣と欲望とについては、ある程度まとまって話すことができたと思いますので、今回はここでいちおう話を終えておくことにします。カントについて、倫理について、言語については、もう少し準備作業をした後で、別の機会に論じてみたいと思っています。

最後に、ジョン・メイナード・ケインズが「自由放任主義の終焉」（1926年）というエッセイの中に残した次の言葉を記しておきましょう。

「思想の歴史を学ぶことこそ、人間精神を解放するための必須の準備作業である。現在だけしか知らないことと、過去だけしか知らないことと——一体どちらのほうが人間をより保守的にするのか、私は知らない。」[33]

【注】

（1）Nakamoto, Satoshi, "*Bitcoin: A Peer-to-Peer Electronic Cash System,*"(2009); https://bitcoin.org/ bitcoin.pdf

（2）実は、この事実がＭＭＴの主張の否定になります。貨幣の価値は、政府が国民に対して税金を貨幣によって納めることを強制していることによって保証されている、というのがＭＭＴの主張です（Ｌ・ランダル・レイ『ＭＭＴ現代貨幣理論入門』（島倉原監訳、鈴木正徳訳、東洋経済新報社、２０１９、ほか）。だが、それは納税額に等しい量の貨幣に対する需要の存在を保証しているだけで、それ以上の量の貨幣が貨幣として流通することの保証にはなりません。人々は政府から受け取った円形の金属片や長方形の紙切れを、納税時まで後生大事に仕舞っておくことだってあり得るのです。もちろん、政府という巨大な需要者がいることは、その金属片や紙切れが人々のあいだで貨幣として流通する可能性を大いに高めるはずですが、それは古代において権力者や聖職者やお金持ちが金銀に対して巨大な需要を持っていたことが、金銀を貨幣として流通させることの一つの切っ掛けになったことと、論理的には変わりません。

残念ながら、ＭＭＴ（現代貨幣理論）とは、その名に反して、「貨幣」についての根本的な誤解にもとづいた理論です。確かに、ＭＭＴが主張するとおり、バランスシート上では、すべての金融資産――現金も銀行預金も株式も金融派生商品も社債も国債も――は必ず他の誰かの金融負債に等しくなっています。たとえば社債や国債は家計にとっては資産ですが、それを発行する会社や政府にとっては返済義務を負っている負債です。そして、人々が社債や国債を価値ある資産として所有するのは、会社や政府が将来その額に対して利子を付けて返済することを約束しているからです（したがって、社債や国債の資産価値とは、少し専門的な用語を使うと、将来に返済される利子と元本の現在価値として計算されます。キャピタルゲインが予想されるときはその現在価値がさらに加わります）。だが、貨幣――紙幣や硬貨や預金通貨――は違います。

もちろん、中央銀行が発行する紙幣は、その保有する人にとっては価値ある資産です。でも、発行者である中央銀行、そしてその背後にある政府は、その紙幣の保有者に利子を支払う義務はありません。そして、不換紙幣であるかぎり、その保有者に対して何も返済する義務を負ってはいないのです。仮に誰かが1万円札を日本銀行に持っていって返済を要求しても、門前払いを食らうはずです。あるいは、慇懃に、別の1万円札を渡してくれるだけです。返す義務のない負債は、負債ではありません。中央銀行が発行する紙幣は、バランスシート上は負債項目に計上されているとしても、実際には、負債としての機能を果たしていないのです（すなわち、中央銀行が発行した紙幣の将来における返済義務額の現在価値はゼロなのです）。そして、同じことは、政府が発行する硬貨についても言えます。また、預金通貨についても、預金準備高を超えた額については、ほぼ同様のことが言えますが、ここでは議論を省いておきます（実は、以上のようなことを、『ヴェニスの商人の資本論』に収められた「はじめの贈与と市場交換」というエッセイで35年以上も前に論じていたことを、最近思い出しました）。

では、なぜ人々は、利子も生まず元本も返済されない紙幣や硬貨を「貨幣」という名前を持つ価値ある金融資産として喜んで保有するのでしょうか？　この章の最大の目的は、まさにこの問いに対する答えを与えることです。

さらに付け加えると、政府の赤字財政支出は中央銀行の貨幣供給によって自動的にファイナンスされるので、そのための財源を探す必要はないというMMTの主張は、確かに、これまでの金融論やマクロ経済学が見落としていた新たな知見です。しかも、それは、右の私自身の議論を援用すると、返済義務のある国債はいつでも返済義務のない貨幣によって置き換えられることを意味しますから、赤字財政支出や国債残高それ自体を悪と見なす新古典派経済学的な立場に対する強力な批判になりえます。ただし、中央銀行や政府は自分が発行した貨幣を負債として見なす必要がないといっても、貨幣を無限に発行できるという意味ではありません。貨幣が過剰に発行されると、財やサービスに対する有効需要が刺激されます。その有効需要が完全雇用水準以上に膨れ上がると、インフレが起こりはじめ、その状況を放置しておくと、ハイパーインフレになってしまう危険が高まります。ここで重要なことは、MMTが、名目金利を一定に維持することが中央銀行の役割であると想定していることです。だが、第3章で論ずるように、ハイパーインフレとは予想されるインフレ率が自己実現的に上昇してしまう状況です。ところが、有効需要の大きさは、基本的には名目金利ではなく、名目金利から予想インフレ率を引いた実質金利の高低によって左右されます（実質金利の減少関数です）。したがって、予想されるインフレ率がどんどん上がっているときに、名目金利が一定に維持されると、実質金利はどんどん下がり、有効需要はさらに拡大し、インフレをさらに促進してしまいます。名目金利を維持する政策はハイパーインフレを悪化させてしまう不安定性を持っているのです。MMTはその場合、増税で対処できると言うかもしれませんが、増税は選挙民には不人気な政策ですし、その実施には多大な時間がかかります。その効果が発揮される頃には、すでに手遅れである可能性が高いのです。不幸にして、ケインズをみずからの知的先駆者として仰ぐMMTは、ケインズの経済学の大前提である資本主義の本質的な不安定性——それは資本主義が貨幣を基礎にしていることの必然的な帰結です——を無視しているのです。この本の第3章の主要テーマは、まさにこの資本主義の本質的な不安定性についてです。

（3）カール・マルクス『資本論』第1巻（国民文庫版）、岡崎次郎訳（大月書店、1972）。
（4）カール・メンガー『一般理論経済学2』八木紀一郎訳（みすず書房、1984）、9章「貨幣の理論」。
（5）http://iwai-k.com/HowToCirculateECash.pdf
（6）F・A・ハイエク『貨幣発行自由化論』川口慎二訳（東洋経済新報社、1988）。
（7）アリストテレス『政治学』牛田徳子訳（京都大学学術出版会、2001）。
（8）『政治学』第9章、牛田徳子訳の「慣習」を「合意」に変更しています。

（9）アリストテレス『ニコマコス倫理学』朴一功訳（京都大学学術出版会、2002）。

（10）Law, John, *Money and Trade Considered: With a Proposal for Supplying the Nation with Money*, Edinburgh, 1705; Reprint by Augustus M. Kelly, 1966. 邦語文献では、吉田啓一『ジョン・ローの研究』（泉文堂、1968）や中川辰洋『ジョン・ローの虚像と実像』（日本経済評論社、2011）などがある。

（11）J・A・シュンペーター『経済分析の歴史』東畑精一・福岡正夫訳（岩波書店、2005）、第6章「価値と貨幣」。

（12）アダム・スミス『国富論』（1）〜（3）、大河内一男監訳（中公文庫、1978）。

（13）ウィクセル『利子と物価』北野熊喜男・服部新一訳（日本経済評論社、2004）。

（14）ケインズ『雇用、利子および貨幣の一般理論』上・下、間宮陽介訳（岩波文庫、2008）。

（15）Friedman, Milton, "The Case for Flexible Exchange Rates," *Essays in Positive Economics*, (University of Chicago Press, 1953). ミルトン・フリードマン『実証的経済学の方法と展開』佐藤隆三・長谷川啓之訳（富士書房、1977）。

（16）「美しきヘレネーの話」、岩井克人『二十一世紀の資本主義論』（ちくま学芸文庫、2006）。

（17）ウォルター・バジョット『ロンバード街 金融市場の解説』久保恵美子訳（日経BPクラシックス、2011）。
Kynaston, David, *Till Time's Last Sand: A History of the Bank of England 1694–2013* (Bloomsbury, 2017).

（18）アリストテレス『政治学』第1章。

（19）アリストテレス『ニコマコス倫理学』第5巻第1章。

（20）マイケル・サンデル『これからの「正義」の話をしよう——いまを生き延びるための哲学』鬼澤忍訳（早川書房、2010）。

（21）アリストテレス『ニコマコス倫理学』第5巻第5章。

(22) この論争については、たとえば、伊藤邦武「アリストテレスの経済思想再考」『経済研究』Vol. 67, No. 2, Apr. 2016などを参照のこと。

(23) アリストテレス『政治学』第9章。

(24) ゲーテ『ファウスト』上・下、柴田翔訳（講談社文芸文庫、２００３）。

(25) アリストテレス『自然学』アリストテレス全集 第４巻、内山勝利・神崎繁・中畑正志編（岩波書店、２０１７）、第3章。

(26) Seaford, Richard, "The Greek invention of money," in Heiner Ganssmann ed., *New Approaches to Monetary Theory: Interdisciplinary Perspectives*, (London: Routledge, 2011), Chap.3.

(27) Finley, M. I., *The Ancient Economy*, Berkeley and Los Angeles: University of California Press, 1973.

(28) Kroll, John H. and Alan S. Walker, *The Greek Coins* (Amer School of Classical, 1993); Schaps, David M., *The Invention of Coinage and the Monetization of Ancient Greece* (University of Michigan Press, 2004); Seaford, Richard, *Money and the Early Greek Mind* (Cambridge University Press, 2004); Harris, W. V. ed., *The Monetary Systems of the Greeks and Romans* (Oxford University Press, 2008); Reden, Sitta von, *Money in Classical Antiquity* (Cambridge University Press, 2010); Kurke, Leslie, *Coins, Bodies, Games, and Gold: The Politics of Meaning in Archaic Greece* (Princeton University Press, 1999) ほか。

(29) 私のここでの説明は、シーフォード自身の説明とは異なっています。古代ギリシャでは最初は金銀を分離する技術がなく、エレクトラムと呼ばれた天然の金銀合金がコインとして使われており、コインごとに金銀の比率がばらばらでした。シーフォードは、それにもかかわらずどのコインもすべて同じ価値として流通していたことを貨幣の象徴機能だと解釈しています。ただ、コインの発明が、具体的なモノとしての貨幣と貨幣としての抽象的な価値との区別を生み出したというこのシーフォードの議論は、正しくありません。第１章で示したように、貨幣は、地金のままで流通していようが、コインの形をとって流通していようが、それが貨幣として流通している限り、その貨幣としての価値は具体的なモノとしての価値を必然的に上回ってしまうからです。もちろん、コインの発明によって、貨幣の流通は飛躍的に拡大しました。だが、それは偽造を困難にし、勘定を容易にしたからにすぎないのです。

(30) 山本光雄訳編『初期ギリシア哲学者断片集』（岩波書店、１９５８）、33ページ。

(31) マルセル・モース『贈与論』吉田禎吾・江川純一訳（ちくま学芸文庫、２００９）。

(32) カント『道徳形而上学の基礎づけ』中山元訳（光文社古典新訳文庫、２０１２）ほか。カント『実践理性批判』１・２、中山元訳（光文社古典新訳文庫、２０１３）ほか。カント「人倫の形而上学」加藤新平ほか訳、『世界の名著32 カント』野田又夫編（中央公論社、１９７２）所収ほか。

(33) ケインズ「自由放任の終焉」、『世界の名著57 ケインズ／ハロッド』宮崎義一・伊東光晴編（中央公論社、１９７１）。

あとがきにかえて
逆説の貨幣、欲望、資本主義

NHKエンタープライズ　制作本部番組開発
エグゼクティブ・プロデューサー　丸山俊一

「お尋ね者」が資本主義を動かす

「太陽の下、この世には何も新しいものはありません。」

岩井さんの論考の中に登場する言葉です。旧約聖書に記載されているこの言葉、新発見、新発明などと言われるものも、この世にすべて新しいものはなく、これまでにあったものが形を変えて現れたに過ぎないことを平易に語ったものです。そしてそれはとりもなおさず、かつてあったことはこれからも形を変えて起こりうるという示唆でもあります。そうした深い歴史意識と理論的な洞察の眼差しが、岩井さんの貨幣論、資本主義論の基盤となっていると言っても過言ではないでしょう。

仮想通貨、または暗号資産とも呼ばれる21世紀のテクノロジーの粋を集めた存在の乱高下も、紀元前6世紀にドラクマ硬貨が流通していた古代ギリシャの時代以来の欲望の歴史の中で繰り返される悲喜劇ということになるのかもしれません。そしてこの長い歴史の中、いつも人々は「貨幣商品説」や「貨幣法制説」にある種の錯覚を抱いて、現在へと至るというわけです。握りしめているものが銀貨か、貝殻か、株券か、はたまたスマートフォンか……、その違いはあってもそこに「新しいもの」はなく、本質は変わりません。

「貨幣は他の誰かが交換に応じ受け取ってくれる、ただそれだけのことによって貨幣足りうる。」ゆえに「貨幣とは貨幣であるから貨幣である。」現象の本質を見極めようとした岩井さんは、こうして貨幣の定義を自己循環論法にしか見いだしえないことにたどり着きます。この底が抜けたようなパラドックスを抱えた、欲望の象徴＝貨幣。

このパラドックスで回る資本主義を維持するための天才的なアイデアを持っていた、ある男の話を始めます。「お尋ね者」ジョン・ロー。波瀾万丈の人生を歩んだ男、ロンドンからパリへ、最後はヴェニスで生涯を閉じることとなったこのハリウッド映画顔負けの破天荒な男の軌跡を岩井さんは熱く語っています。そして自ら「お尋ね者」と呼びながらも、実はこのジョン・ローのような存在、両義性を抱えた煮ても焼いても食えないならず者のセンスにある種の共感を示すのです。そこに、資本主義のダイナミズムの本質があります。

神話や民間伝承の中で、詐術を駆使するいたずら者として活躍する存在をトリックスターと表現することがあります。時に秩序を混乱させるならず者かと思えば、時に英雄として集団を活性化させる両義性の象徴。まさにジョン・ローその人に当てはまる表現ですが、共同体と共同体の間も行き来する道化であるトリックスターの存在を考えることが、貨幣、欲望、資本主義を考えるときの鍵になることを示しています。

「ロックの呪い」が仮想通貨の息の根を止める?

実はもう一人、一つの時代のトリックスターだったジョン・ローの発想を高く評価する人物が、今回の「欲望の貨幣論2019」には登場していました。ロンドンの金融市場で日々世界のマーケットと格闘するファンドマネジャーでアナリストでもあるフェリックス・マーティンです。著書『21世紀の貨幣論』において、岩井さんと同じ文脈でジョン・ローの先見性を語っています。マーティンは今回番組内で、仮想通貨の現状を解析する際に、実に興味深い表現を用いています。

「ロックの呪い」です。

「一体なぜ仮想通貨はこれほど人気なのでしょう。これは、ロックの貨幣観への皮肉な回帰だと思います。」

実に穏やかな口調で語り始めたマーティンは、私たちが「社会契約説」で知る17世紀イギリスの政治思想家の名前を口にしました。人々には、生命、自由、財産を守るなど当然の権利があり、こうした権利を保障する契約を結ぶことで生まれたのが国家であるという哲学を持ったロックは、国家は貨幣についても契約にもとづくルールを作るべきだと考えるに至ったと言うのです。

「ロックの貨幣観とはこうでした。貨幣システムは厳密かつシンプルなルールに従うべきだ。そこでは円でもポンドでも通貨の発行量は中央銀行の金庫にある金＝ゴー

ジョン・ロック

ルドの量に依存すべし。そこに柔軟性は不要だ、とロックは主張したのです。」

中央銀行にある金の量＝世の中の貨幣の量であるべきだと考えたロックは、中央銀行の政策決定者が貨幣の価値や流通量を管理するのも間違っているとしました。金の裏付けは人よりも信用できる、乱暴に要約すればそうした考え方がベースにあったわけです。

「もちろんロックだけを非難するのは不公平ですが……。」こうユーモアを交えながら、マーティンは次に重要な言葉を続けました。

「ロックの貨幣観は知らぬ間に私たちに染み付いているのです。彼が行っていたことは非常にありふれた本能を用いることでした。その本能とは、〝貨幣〟とは人々の間の取り決めではなく物理的なモノであると簡単に間違えることです。」

貨幣の本質はモノではなく「取り決め」であるにもかかわらず、人々はどうしても無意識のうちに、手にできる「モノ」の裏付けを求めてしまう……、そうでないと貨幣の根拠を実感できないというわけです。「社会契約説」を考えたロックは、言わば市場における「契約」の根拠をゴールドというモノに求めました。そのロックの示した考え方が、現代の仮想通貨開発者たちにも「呪い」のように暗示をかけ、彼らは無意識のうちに仮想通貨の発行総量を決めてしまったのかもしれない、というわけです。貨幣に対する本質の取り違え……、その不思議さ。今、私はこの短いパラグラフの中で二度「無意識」という表現を用いました。すなわちここで注目すべきは、「根拠」をどこかに求める私たち人間が潜在的に持っている性《さが》とも言うべきものなのかもしれません。こうしてマーティンも岩井さんの自己循環論法と同じ貨幣観を共有したうえで、仮想通貨があまねく貨幣として流通する可能性を自ら消したと主張しているのです。

貨幣に注がれる人々の眼差し、そこに生まれる取り違え、ある種の「錯覚」……。貨幣という奇妙な存在のおかげで、ジョン・ロー、岩井さん、マーティンとさまざまな人々の思考がつながり、そこに「社会契約説」を生んだ近代の政治思想家の発想が形を変えて今も人々を縛っている可能性が明らかになっていくのです。そして、その「錯覚」を生んでいる人々の心の奥底にあるのは、根拠がないことに耐えられない不安であり、やはりどこかに根拠を持ちたいという欲望なのだという言い方もできるのかもしれません。仮想通貨の試みに加えて、キャッシュレス化、さらに信用経済の可能性が叫ばれる21世紀にあっても、私たちは、まだこうした「呪い」と戦わねばならないのです。この「根拠を持ちたい欲望」を満たすことはできるのでしょうか？

ちなみに番組では、冒頭となる第1章「仮想の夢が世界を駆ける」で、三つの仮想通貨の立ち上げに関わった、天才数学者の誉れ高いチャールズ・ホスキンソンが、国境を越える市場の夢を語ってくれました。

「ビットコインは全世界に教えてくれました。おカネの価値は、必ずしも政府や法王や一流銀行から与えられるものではない。自分たちで決められるのだとね。世界が（仮想通貨のシステムが広がることで）一つになるんだ。」

しかしホスキンソンの見る夢が実現するには、人間の心が抱えるパラドックスをもう少しつぶさに直視し、丁寧に考察を続ける必要がありそうです。

貨幣が抱える逆説――「目的と手段の逆転」岩井、ケインズ、アリストテレス

貨幣の無根拠性。それを直視したうえで、実はもう一つ貨幣が抱える大きな特性について考える必要性があることを岩井さんは語ります。そして貨幣の本質的なパラドキシカルな性質にこんな言葉を与えるのです。

貨幣は、その所有自体がもっとも「純粋な投機」である、と。その理由は本文で丁寧に展開されているのでここでは省略しますが、ここに、1993年の『貨幣論』でも指摘された、貨幣への欲望をめぐる本質的なパラドックスがあります。

「貨幣がまさに一般的な交換の媒介でしかないということが(そして一般的な交換の媒介であるかぎりにおいて)、貨幣にその実体性とはまったく独立な流動性という名の有用性のごときものをあたえてしまうことになるのである。ほんらいは商品を手に入れるためのたんなる媒介でしかないはずの貨幣が、その商品とならんで、それ自体あたかもひとつの商品であるかのように、流動性選好という名の欲望の直接的な対象となってしまうのである。」

(岩井克人『貨幣論』ちくま学芸文庫)

かつての『貨幣論』での一つのクライマックスです。「流動性」とは何とでも交換できる貨幣の性質ですが、ここに着目したケインズは、人々の心の中にある、貨幣への潜在的な欲望を明らかにしました。あらゆるものと交換できる可能性こそ、貨幣への欲望の重要な正体。そしてそれは、具体的な経済活動としては、利子率が低いときに銀行に預けるよりも自分の手元に置きたいと願う、今にも通じる大衆の心理を説明するセオリーです。将来の消費の可能性のために貯めたいおカネ。この「流動性選好」が強ければ、人々はモノを買わなくなり、これが不況への入り口ともなるわけです。

「ケインズ以前は マネーは単に、交換のための『道具』と見なされていた。だがケインズはマネーの交換以上の機能に気がついた。つまりそれ自体が欲望の対象物なんだ。おカネ自体が価値を持ち、そのうちに貯金することが目的化していく。おカネはあらゆるものと交換可能だからこそ、人はおカネを貯める。それゆえにおカネが効率的に回らず、経済に大問題が生じることがあるのだ。」

番組内で紹介した「流動性選好」をめぐる、チェコの奇才とも言うべきアナリスト、トーマス・セドラチェクの言葉です。未来の消費の可能性があるからこそ、貯めておきたくなる……、その欲望は、人生の期日がわからない以上、とどまることがありません。

貨幣への欲望、それは、未来の無限の可能性への欲望でもあるのです。

こうしてモノと交換する手段だったはずの貨幣、それ自体を欲することが目的となる、奇妙な逆転が生まれます。経済学の理論としてケインズは「流動性選好」という名でこれを理論化したわけですが、実は、今から2300年以上前に、この貨幣の不思議にすでに気づいていた古代ギリシャの哲人がいました。アリストテレスです。彼はこんな言葉を残しています。

「貨幣は元々交換のための手段。しかし次第にそれを貯めること自体が目的化する。」すでにして古代ギリシャ社会において、「流動性選好」は存在していた……無限の欲望は生まれていたのです。

「貨幣による財獲得術から生まれる富は際限がない。なぜならば、その目的を可能な限り最大化しようと欲するからだ。生きる欲望に果てはないのだから、彼らは満たしうる際限のない財を欲することになる。貨幣は元々交換のための手段。しかし、次第にそれを貯めること自体が目的化する。」（『政治学』アリストテレス）

こうして岩井さん、ケインズ、アリストテレスと、貨幣への欲望のパラドックスを直視した眼差しが、歴史上、一直線でつながります。この貨幣をめぐる「目的と手段」の逆転を抱え込んだゆえの不安定性を通して、市場というさまざまな人々の思いが行き交う「欲望の劇場」のドラマの探究は、資本主義の本質の考察へと展開するのです。

資本主義に理想状態はない

「資本主義については二つの対立する見方があります。」

岩井さんは、こう明言しています。アダム・スミスを始祖とする「新古典派」と、もう一つケインズを代表とする「不均衡動学派」があると。しかし実はこれは、ある年代以上の経済学を専攻し「経済原論」を学んだ方々にとって違和感がある言葉かもしれません。1980年代前半、バブル前夜に経済学部に籍を置いた私自身にとっても感慨深い言葉でした。なぜならば、当時の近代経済学の教科書にあっては、セオリーは一つしかなかったからです。ポール・サミュエルソンによる分厚い上下2冊『経済学』に代表される「新古典派総合」と呼ばれる考え方の中に、見事なまでに「不均衡動学派」であるケインズの発想のエッセンスは取り込まれ「総合」化され、体系的な一貫した理論が語られていました。そして社会「科学」として確立した「近代経済学」は、マクロとミクロと分野分けがなされ、「経済原論」として多くの大学で制度化されていたのです。そこに、明確な二つの学派という区分けはありませんでした。

当時すでに「不均衡動学」を一つの理論として世に問うていた岩井さんだからこその葛藤がそこにあったであろうことも想像に難くありません。重鎮サミュエルソンの代講もＭＩＴ＝マサチューセッツ工科大学で務められたこともある岩井さんは、もちろん「新古典派総合」の重要性を当然認識していたわけですが、同時にすべてを「総合」することはできないとの思いも抱えながら東大駒場での近代経済学の原論の教壇に立っていたはずです。複雑な思いを抱えてこられた岩井さんの口から、さらりと語られたこの図式。個人的にもある種の感慨がありますが、それ以上に、この二つの資本主義観の相違を考察することは、現代の資本主義の本質を捉えようとするときに重要な意味を持っています。

「新古典派」は、基本的に不純物がないほどに、純粋に市場原理が機能するほどに、効率性と安定性も実現され理想状態に近づくと考えます。それに対して「不均衡動学派」は、効率性と安定性は二律背反にあると考えます。つまり市場にあって純粋な競争が行われるほどに、恐慌またはハイパーインフレなどの可能性が増してしまう……、市場に安定性をもたらしているのは、政府や中央銀行の存在、むしろ自由な競争を疎外する「不純物」たる存在があることで、曲がりなりにも安定性が生まれているというわけです。その両者の思想の背後にある相違、「不均衡動学派」にあって「新古典派」にないのは、ある種の制度、文化、慣習など、市場の「外側」「外部」にある社会的な要因への眼差しであり、さらに大衆心理への洞察です。そしてこの「不均衡動学派」の思想の本質は、岩井さんの次の一言に集約されているように思います。

「資本主義には理想状態などありません。」

市場はいつも「外部」を必要とする

理想状態はないというリアルな認識をまず持ち、そのうえで効率性と安定性の二律背反の中で、どう市場のバランスを取り続けていくべきか？　つまり思考実験としての「純粋な競争市場」が発散／崩壊するのを食い止めているのが、実は皮肉なことに市場の「外部」にある「不純物」だとするならば？　実は、市場は常に「外部」を、「非競争的要素」を必要としているというパラドックスがここにあるのです。そしてそれはとりもなおさず、市場は常に本源的な不均衡をはらんでいることを意味します。

「経済とは、結局市場経済的な力と経済外的な要因との相互の複雑なるからみあいの結果でしかないのである。」

（岩井克人『ヴェニスの商人の資本論』ちくま学芸文庫）

1985年に記されたこの言葉。以来、ずっと岩井さんが考えられてきた逆説にさらに明快な表現が与えられたように感じますが、それもこの35年近くの劇的な世界の変化とも無関係ではないでしょう。

実際皮肉なことに時代の潮流は一度「新古典派」の資本主義観が世界を席巻する方向へと大きく傾きました。ベルリンの壁が崩れ、ソ連は崩壊……、社会主義という「外部」を失った世界は、市場原理一辺倒へと傾斜します。アカデミズムでも80年代以降の新自由主義をリードした「自由放任主義のチャンピオン」ミルトン・フリードマンは、ケインズ的な「不均衡動学派」のエッセンスを取り込んだ「新古典派総合」すらも否定、市場原理ですべてを解決できるという思想、風潮が社会にも広がっていきました。そして2008年のリーマン・ショックに直面し、人々は今一度そこで、市場の抱える本源的な不均衡に向き合うことになったのです。

ここで再びケインズが見直されるわけですが、喉元過ぎれば熱さを忘れ、またケインズ的要素を部分的に組み入れ「総合」させる考え方に飲み込まれ……、歴史は繰り返されています。つまり市場原理を信奉する者と、その原理そのものの危うさを指摘する者がいつもせめぎ合い、歴史は繰り返すのですが、総体として俯瞰すると、どうにも「不均衡動学派」の旗色が悪いように見えます。

危機の時代の思想ほど、実は多くの人々は直視しないこと。そしてさらにもう一歩踏み込めば、不安定さをはらんだ状況に耐えられないということも示しているのではないでしょうか？ やはり「神の見えざる手」を信じたい、神の存在を信じて安心したい、潜在的な真理がそこにはあるように思うのです。どこかに根拠を求めたい気持ちという意味では、「ロックの呪い」にも似た心理構造がそこに見え隠れしているとは言えないでしょうか？

実はそこでも、「太陽の下、この世には何も新しいものはない」のです。

欲望が無限の乱反射を繰り返した果てに

こうして人々の心の底に眠る心理への洞察を深めるとき、欠かせないのがあの「ケインズの美人コンテスト」です。岩井さんも今回、この卓抜なる比喩が、新自由主義が席巻する以前すでにフリードマンへの批判となっていた思想的な意味を語っています。倒錯的な歴史の皮肉とも言えるかもしれません。

この一風変わった美人コンテストは、時代を超えて大衆心理の本質を言い当てています。

「もっとも美人だと思う人に投票してください。」これだけならよくある人気投票と一緒ですが、ここからがケインズの真骨頂です。

「ただし、賞金はもっとも票を集めた女性に投票した方々に差し上げます。」このとき何が起きるか？　これはある種の無限ゲームであり、貨幣の「自己循環論法」と同じ帰結をすることは、本文で詳しく触れられている通りです。自分の好みを選ばず、他人の好みを予想して投票する人々……。そこに繰り広げられるのは無限の予想、人々の心の読み合いのゲーム、誰の好みでもない女性が選ばれてももう誰も止められないのです。大衆の評価が、凡庸なる偶像を祀り上げていくというわけです。

この状況こそ、実は現代社会の構図を象徴しているのではないでしょうか？　ネット社会で増幅していく欲望の乱反射に、もはや実体はありません。勝ち馬に乗りたい大衆心理が、雪だるまのように膨れ上がっていくばかりです。そして、今や株式市場にあっては、機械対機械、ＡＩ対ＡＩが、瞬間的な読み合いの主力となりつつあるのです。そこに、技術が先導／扇動し、大衆の欲望を喚起し増幅させる時代を見通したかのような、ケインズの現代性があります。2次産業から3次産業へ、モノ主体の経済から無形のサービス主体へ、感情すら商品になるとも言われる時代、差異さえあれば商品になる時代、「ポスト産業資本主義」の時代だからこそ、さらにテクノロジーの驚異的な発展で瞬時にさまざまなアイデアがバーチャルなネット上でも消費されていく時代だからこそ、「ケインズの美人コンテスト」は今、私たちに強く深く響くメッセージとなるのです。

勝ち馬に乗りたい欲望だけが錯綜し、実は本質的な意味で誰も勝者を生まない市場。これは、新実在論を説く気鋭のドイツ人哲学者、マルクス・ガブリエルが、番組内で現在の資本主義を再定義した言葉とも重なります。

「資本主義はどこまでも拡大し続ける性質だからね。〝成功〟という概念の上に成り立っているシステムだ。〝成功〟者であり続けるためには同じことを続けていたらダメだ。iPhoneを発明しても、同じiPhoneを作り続けていたらダメだろう？絶えず〝成功〟し続け、自らを維持する必要が生まれる。これまで見えていなかったものに目を向けるのだ。新たに存在を見つけ値段をつける。それが資本主義の特性だ。資本主義を定義するならば〝商品生産に伴う活動全体〟となるだろうね。そして今日の資本主義の世界はいわば〝商品の生産〟そのものになった。そもそも生産する(produce)とは何か? 語源は前に(pro)持ってくる(duce)だ。つまり商品の生産とは、いわば見せるための「ショウ」なのだ。そして今日の資本主義の世界は、いわば〝商品の生産〟そのものになった。〝商品の生産〟自体が、見せるための〝ショウ〟なのだ。」

ただ差異を生み続けるための、果てしない資本の運動。絶対的な価値よりも、相対的な価格の競争が勝ってしまい、差異を生むこと自体が自己目的化していくというわけです。ここにも、悲喜劇的な、〝差異果て〟のパラドックスが誕生するのです。

「資本主義の『発展』とは、相対的な差異の存在によってしかその絶対的な要請である利潤を創出しえないという資本主義に根源的なパラドクスの産物であり、その部分的で一時的でしかありえない解決の、シシフォスの神話にも似た反復の過程にほかならない。

実は、形式的に同一の反復過程が、資本主義の中における人々の社会学的欲望をめぐっても展開されているのである。」

（岩井克人『ヴェニスの商人の資本論』ちくま学芸文庫）

やめられない、止まらない。欲望が欲望を生む、欲望の資本主義。

ここにすでに、「欲望の資本主義」シリーズの原点となる問題が表出しています。

人間の「尊厳」を守るための貨幣

番組「欲望の貨幣論2019」の「最終章　欲望に拮抗する言葉」において岩井さんに語っていただいた言葉で、あらためて貨幣のもう一つの大事な意義を思い起こさせられたという視聴者の方々は少なくありませんでした。

「貨幣は、本来人間を匿名にするんです。これが貨幣のもっとも重要なところなんですね。

匿名ということは、人間が、ほかの人に評価されない領域を自分でちゃんと持っているということ。これが重要なんですよ。

そこでは人間は自由なんですね。自分自身の領域を持っているということが人間の自由なんですね。自分で自分の目的を決定できる存在というのは、その中にほかの人間が入り込めない余地があるわけです。ほかの人に評価されない、自分自身の領域を持っているということが人間の自由なんですね。自分で自分の目的を決定できる存在……、これが人間の尊厳の根源になるんです。」

（ＮＨＫ ＢＳ１「欲望の貨幣論２０１９」）

人間の尊厳をどう守るか？ 実はこの問いこそ、「欲望の資本主義」の時代における最大の問題の一つなのです。

「貨幣を生み出す資本主義というのは非常に普遍的な存在で、ほとんど、もう引き算の問題でしかないと。で、この普遍性に対抗するにはですね、やっぱり、普遍的な原理が必要であって、同情、共感、連帯、愛情に依存しない、普遍性で語られる原理なんです。」

（同右）

際限のない貨幣への欲望に対抗するため、岩井さんは1人の歴史上の巨人の言葉に注目しました。哲学者イマヌエル・カントです。アメリカの独立、フランス革命などの動乱期である18世紀後半のヨーロッパにあって、大陸合理論とイギリス経験論を調停したと言われるカントは、哲学の世界に新たなページを開きました。

「合理的な知性」の濫用に対して注意深くあろうとした彼は、知性の限界を指摘したのです。さまざまな存在はすでにしてあり、それを経験するという順序で私たちの認識は生まれるのではなく、逆に私たちの経験によってそのあり方が決まる――、たとえばこの宇宙もその存在を前提としてどう認識するかを考えるのではなく、私たちの認識の持ち方によって宇宙のあり方が決まる、と考えたのです。これは天動説から地動説への転換に等しいほどの思考様式の転倒だと考えたカントは、これを「コペルニクス的転回」と呼んでいます。

こうしてこの世界のあり方が、人々の認識のあり方に委ねられることになったとき、すなわち、さまざまな認識を持つ人々が社会の中で「自由」に行動するとき、「規範」というものが大切となることも導かれます。皆「自由」なわけですが、だからこそ、他者の「認識」を邪魔しない最低限の義務としての「規範」です。そして、逆に

イマヌエル・カント

その「規範」を守る限りにおいては、誰もが侵されることのない人間としてのある領域を持っているということになります。その領域こそが、人間の「尊厳」なのです。

すべての人間は、心の迷いと欲望を抱えているものであり、
これに関わるものはすべて市場価格を持っている。
それに対して、ある者がある目的をかなえようとする時、
相対的な価値である価格ではなく内的な価値である尊厳を持つ。
尊厳に全ての価格を超越した高い地位を認める。
尊厳は価格と比べ見積もることなど、絶対にできない。

イマヌエル・カント（1724〜1804）

番組内でも紹介したカントの言葉です。「心の迷いと欲望を抱えている」「すべての人間」が、それぞれの人生の目的を持って生きていける社会を維持するために。「尊厳」の何ものにも代え難い絶対性を宣言しています。

「信用経済」という「幻想」を超えて

ここ数年、「おカネというモノがなくなり人の営みに価値が生まれる時代が来る」など、おカネを介さない経済のあり方を構想するような意見も世に出始めています。確かに、貨幣に信用がとって代わる「信用経済」に期待するような論調もあります。

「合理」的な思考実験においては、それで経済は回るという「論理」が導き出されるのかもしれません。しかし、それは貨幣の持つ重要な意義、人間の「尊厳」を守るという大事な側面を見落としてしまう恐ろしさがあることを、カント／岩井さんは主張しているのです。

ここに壮大な歴史的なスパン、巨視的な時間の流れの中でも変わらない人間の性を、あらためてしっかり見つめる必要が生まれるのかもしれません。共同体の呪縛から逃れ、「自由」を得るために獲得したはずの貨幣。そしてそうした知恵を生んだ、「理性的存在」たるはずの人間。しかし、今、皮肉なことに、その「理性的存在」が自ら、「自由」の手段であるモノとしての貨幣を捨てようとしているとしたら……、足場である「自由」な市場を自ら破壊しようとしているとしたら……。

「資本主義は自壊する。その経済的成功によって文化的に自ら壊れる。」あのシュンペーターの名言を想起しつつ、パロディとして表現させてもらうなら、「貨幣経済は自壊する。その経済的成功によって、社会的に自ら壊れる。」ということになりかねません。「尊厳」であり、「自由」であり……、私たちがこの「近代」という時代に獲得した理念を、「近代」的な思考である「合理性」を突き詰めることで自ら放棄してしまうなら、実に皮肉な事態だと思います。

そしてさらにもう一つ。こうした「信用経済」待望論のような状況も、貨幣への倒錯的な欲望が生んでいるように見えることも、現代社会の皮肉だと言えるのかもしれません。貨幣への欲望は、いつも目的と手段を逆転させます。貨幣の本質を見抜いていた、あのアリストテレスは、こんな言葉も残しています。

偽りの善からは、時が経つにつれ、いつか必ず、本物の悪が現れてくる。

アリストテレス

貨幣に向けられた「目的と手段の逆転」は、社会のあり方にも当然影響を及ぼし、「善悪の逆転」すら生じることが綴られています。人々が生きていく、さまざまな感情が構成する社会において避け難い、逆転、反転、逆説……。

私は「近代」的価値を盲目的に信じようとしているわけではありません。しかし、フラットに「近代」という時代が生んだ概念を冷静に吟味しその功罪を考え続けるとき、一方向の議論に与することはできません。「近代」への懐疑が思わぬ形で噴き出す時代に、私たちはいつも、貨幣のはらむパラドックスを見つめ、自らの足場を問い続けねばならないのだと思います。

経済学の枠から突き抜けて見える光景

「貨幣がある資本主義経済、市場経済というのは、純粋化すればするほど不安定になる。不純物があることによって、経済が安定していると。貨幣があまりにも自由放任されると、資本主義そのものが破壊されてしまう。」

今回番組冒頭で紹介させていただいた岩井さんの言葉です。さらに本書においては具体的に、共同体的な慣習や規範、社会的な連帯意識、国家や中央銀行による規制や介入という「外部」の弱まりが、現在の資本主義の不安定化を招いているという指摘で表現されています。

『貨幣論』が世に出てから四半世紀……、資本主義の欲望の象徴＝〝貨幣の謎〟をたどる探究の示唆するところは、いよいよ混迷し先が見えない経済状況の中、きわめて切実なものになっています。資本主義の存立を可能にする貨幣それ自体が、資本主義を崩壊させる逆説が今、グローバルな規模で進みつつあることへの警鐘です。「欲望の資本主義」シリーズ、そして特別編の「貨幣論」も、そうした時代状況に応えるべく、問いを重ねてきました。

実は岩井さん、否、岩井先生との出会いは35年前にさかのぼります。１９８５年の春、他大学の学生でありながら東大駒場キャンパスにも出没していた私は、悪友とともに当時エール大学から帰国した気鋭の岩井助教授の経済学の原論の講義に潜りました。そしてあろうことか、質問までしたのです。当時、数理経済学と同時に、哲学、文学、歴史、思想……ジャンルを横断して思考されているように見えた岩井先生の真意、学問、人生へのスタンスをお聞きしたかったのです。そして、それは当時自らの進路選択にも悩みを抱えていた一学生として、切実な問いでした。

そしてそのとき、しっかりと心に焼き付いたことがありました。自分の心に正直に、その問題意識に突き進んでいくならば、学問分野など分けることができない、と。経済学が仮にそのきっかけであったにせよ、社会に、哲学に、心理に、文学に、歴史に、数学に、物理に……と及んでいくことは当然であり、その探究のエネルギーは、生きるエネルギーと直結しているものなのだ、と。お答えに不思議なエネルギーをいただき興奮した私は悪友とともに我知らず、キャンパスをただひたすら歩き回りました。ようやく20分ほどして我に返り、2人ともどこに向かうかもわかっていなかったことに気付き、大笑いしたのも思い出となっています。

決してノスタルジーからこんなお話をしたのではありません。今回ご出演の交渉のため、長い歳月の後にお目にかかった岩井さんは、まったくお変わりなく、人を、ジャンルを、「分けない」否、「分けられない」人だったからです。そしてそうした精神のありようこそが、35年近く前に私が学んだものであり、少なからず、私自身の人生を支えるものにもなっています。

岩井先生にお会いした1985年春と言えば、日本経済はバブル前夜、その後の日本経済のあり方に大きな影響を与えることになるプラザ合意はこの年9月のことです。しかしその年の1月に世に出た『ヴェニスの商人の資本論』には、そうした浮き足立った時代の空気とは一線を画した、普遍性を志向する洞察が展開されていました。またその後の『貨幣論』につながる、ほとんど現代にもつながる視点、論点がすでにして、そこにはあったのです。それは実にダイナミックな、知的興奮を呼ぶ発想、論理でした。そしてそれは常に誠実な自らの抱える問題意識に貫かれているのです。あるものごとの中心を掘っていったからこそ、その枠組みを突き破って外に出てしまう本質的な強度がそこにありました。

番組後、本書をまとめるにあたり、岩井さんにお会いしたときのことです。

「私は資本主義について、もちろんすごく批判するんだけど、同時に魅力を感じているところがあるんですよね。これは両義性を持っていてね。で、アリストテレスだって、不思議なことに、あんなに嫌いなのになぜ資本主義についてこんなに書くのか、と。もちろん彼は私よりもう少しポリスの思想家なので、当然なのかもしれませんが。やっぱり嫌だ、嫌だと言いながら、それを分析するんですよね。資本主義にはどうも不思議な性質があって、マルクスにもそういうところがあるんですよね。だって、どうしてこんなに批判するのに、これだけしつこく資本主義について書き続けるのかという、ね。」

「それは資本主義の持っている両義性が常にあって、足をすくわれるときもあるんですけどね。でもだからと言って、全面的にそれに囚われちゃうと不安定になって滅びちゃうという、そういう不思議なものだと思うんです。だからそれも……、だからラカンの話なども、多分どこかで通じていると思うんですよね。まあ、それはちょっと、今回は書けないと思いますけどね。」

資本主義への愛憎相半ばする、ある種屈折した想い。しかし、そうした引き裂かれる想い、両義性……。岩井さんは、『貨幣論』において、資本主義でもっとも怖い状況である恐慌、ハイパーインフレーションについて語るとき、こんな補注を添えています。

「人間社会において自己が自己であることの困難と、資本主義社会において貨幣が貨幣であることの困難とのあいだには、すくなくとも形式的には厳密な対応関係が存在しているのである。」

（岩井克人『貨幣論』ちくま学芸文庫）

自由と不安を手にしての、資本主義の綱渡り。綱から落下しないためには、貨幣、市場、資本主義のみならず、人間存在が抱えるパラドックスを直視し続けることが必要なのでしょう。

「可能性」それ自体に対する欲望には「限り」がありません。具体的なモノに対する欲望は、それが満たされてしまえば、解消されてしまいます。これに対して、「可能性」に対する欲望は満たされることはありません。なぜならば、人間に想像力がある限り、人間は「可能性」を無限に想像することができるからです。（中略）人間はこの世にまだ存在していない何か、想像すらできない何かについてさえ想像できます。それゆえ、「可能性」それ自体としての貨幣——その貨幣に対する欲望には、限りはありません。無限です。

「無限の欲望」——人間は、貨幣の出現によって、まさに無限の欲望を身につけてしまったというわけです。

本書における、一つの白眉です。「想像力」という人類の素晴らしい心の働きは、皮肉にも恐ろしいものにも転化します。そしてそれは、現代の資本主義でこそ、直視せねばならない事態なのです。

欲望の貨幣論の探究は、これからも続きます。

人間という根源的なパラドックスを抱えた存在ある限り。

今回の番組企画にあたっても、大変多くの皆さんにお世話になりました。複雑な経済現象を描く難しい編集も厭わずディレクターを買って出てくれた山本充宏さん、当初よりずっと「欲望」シリーズに関わりいつも冷静な視点を提示してくれる大西隼さん、そして、高橋才也さん、中村美奈子さんとは、ともにご出演の交渉の段階からお世話になり、一緒に岩井研究室を訪ねました。またいつもきめ細かにサポートをしてくれる高村安以さんに今回も助けられました。NHKコンテンツ開発センターの稲毛重行EPにも、この場を借りてあらためて感謝したく存じます。

また、書籍化にあたり、東洋経済新報社の渡辺智顕さん、笠間勝久さんには大変お世話になりました。番組のための語り下ろしに満足されることなく、さらに論考を深められる岩井さんの思考の過程にともに寄り添っていただくことで本書は成立しました。

そして最後にあらためて、岩井克人さんに、心より感謝申し上げます。35年ぶりにいただいたご回答を読者の皆さんと分かち合えることを喜びつつ、この書での視点が広がりを持つことを願っています。

BS1スペシャル

「欲望の資本主義　特別編 欲望の貨幣論 2019」

2019年7月14日 午後10時00分

NHK BS1

仮想通貨、GAFA……、技術が市場を変えていく今、欲望の形も変わる？　おカネがなくなる？　希望と不安が交錯する中、動きが加速化する。『貨幣論』ほか多くの著作を生み、資本主義の抱えるパラドックスに半世紀にわたって挑み続けてきた日本を代表する経済学者・岩井克人の言説を軸に、ノーベル経済学賞受賞のスティグリッツ、ティロール、異端のセドラチェク、ハラリ、ガブリエルらの知性も加わり展開するスリリングな異色ドキュメント。

オープニング

世界の知性たちが語った「貨幣」にまつわる言葉の数々。その一部をご紹介。資本主義の欲望の象徴＝“貨幣の謎”をたどる旅が始まる。

日本を代表する経済学者・岩井克人。

貨幣の秘密に迫る『貨幣論』を世に出して四半世紀、今それを更新するとしたら？

「貨幣がある資本主義経済、市場経済というのは、純粋化すればするほど不安定になる。

不純物があることによって、経済が安定していると。

貨幣があまりにも自由放任されると、資本主義そのものが破壊されてしまう。」

第1章　仮想の夢が世界を駆ける

三つの仮想通貨の立ち上げに関わった天才数学者のチャールズ・ホスキンソンが語る、国境を越える市場の夢とは？

「ビットコインは全世界に教えてくれました。

おカネの価値は、必ずしも政府や法王や一流銀行から与えられるものではない。

自分たちで決められるのだとね。

世界が、仮想通貨のシステムが広がることで一つになるんだ。」

第2章　なぜ貨幣は貨幣なのか？

ウォール街で日々10億ドルのマネーを動かしてきた元銀行マンのカビール・セガールが語る貨幣の魔力とは？

「いつもおカネや欲望が頭の中にあるとしたら、あなたの脳は絶えず思考回路をつなぎ替えている

ことになる。

あなたはおカネを使っているつもりで、おカネに使われているんだ。」

第3章　根拠なき錯覚

フェリックス・マーティン
ファンドマネージャー（イギリス）
貨幣の本質を歴史的に解説
著書『21世紀の貨幣論』で注目

ロンドンの金融市場で、日々世界のマーケットと格闘するファンドマネジャーのフェリックス・マーティンが、仮想通貨に隠された人々の心理を読み解く。

「なぜ仮想通貨は、これほど人気なのでしょう。

これは『貨幣システムは厳密かつシンプルなルールに従うべきだ』という、近代の思想家ジョン・ロックの貨幣観への皮肉な回帰だと思います。

言わば、“ロックの呪い”です。」

第4章　“命がけの跳躍”を越えて

トーマス・セドラチェク
大統領の経済アドバイザーも務めた
異端の奇才　著書『善と悪の経済学』

チェコで社会主義を経験した異端の経済学者のトーマス・セドラチェクが考える価値の謎……。

「価値は主観的、価格は客観的だ。

人々は『価値と価格の関係』を理解しようとずっともがいてきた。

このダイナミクスについて明快に答えるのは……困難だ。」

第5章　幻想の貨幣愛

貨幣を「夜空に輝く月」にたとえた20世紀の巨人J・M・ケインズ。
「みな月を欲するのだ。
月を欲するため、失業が生まれるのだ。
欲望の対象、すなわち貨幣、それを生むことができず、
欲しがる心を抑えられないのならば、失業の問題など解消できない。」

第6章　古代の男が見抜いたパラドックス

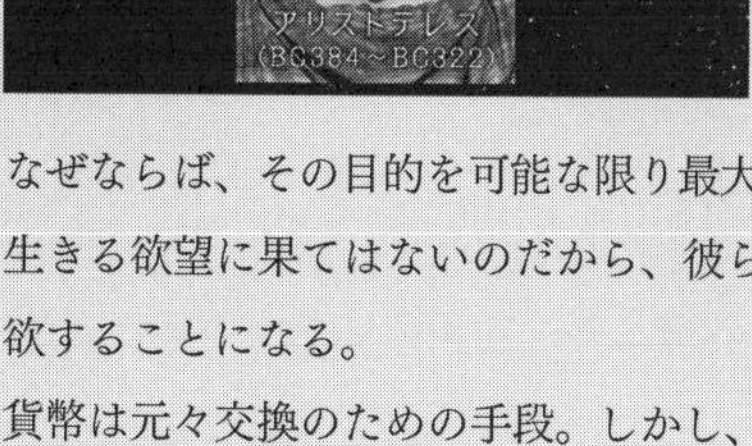

今から2300年以上前に、貨幣の不思議にすでに気づいていた古代ギリシャの哲人アリストテレス。

「貨幣による財獲得術から生まれる富は際限がない。

なぜならば、その目的を可能な限り最大化しようと欲するからだ。

生きる欲望に果てはないのだから、彼らは満たしうる際限のない財を欲することになる。

貨幣は元々交換のための手段。しかし、次第にそれを貯めること自体が目的化する。」

第7章　経済学の父の過ち？

「経済学の父」と呼ばれるアダム・スミス。

「それぞれがみずからの利益を求めれば、“見えざる手”によって、社会全体も富み栄える……。」

1980年代、アダム・スミスの市場万能論が脚光を浴びた。

ノーベル賞受賞の経済学者、ジョセフ・スティグリッツは、大胆な歴史の読み替えを提示する。

「アダム・スミスは間違っていたことがわかった。

自己利益の追求が“見えざる手”に導かれ社会全体の幸福をもたらすという理論……。

彼がそのことを書いていたのは資本主義が本格的に走り出す前の話だ。」

第8章　“美人コンテスト”が生む偶像

大衆社会の人々の心理を、“一風変わった”美人コンテストにたとえたケインズ。

大衆の評価が、凡庸なる偶像を祀り上げるとトーマス・セドラチェクは語る。

「これは一種の“無限ゲーム”。
自分の好みを選んではいない。他人の好みを予想しているのだ。
誰の好みでもない女性が選ばれてももう誰も止められない。」

第9章　テクノロジーは数字の夢を見るか？

新たな技術は利潤への欲望が生み出す。
新実在論を説く哲学者のマルクス・ガブリエルが読み解く資本主義の本質とは？

「資本主義は“成功”という概念の上に成り立っているシステムだ。
“成功”者であり続けるためには同じことを続けていたらダメだ。
絶えず“成功”し続け、みずからを維持する必要が生まれる。
そして今日の資本主義の世界はいわば“商品の生産”そのものになった。
“商品の生産”自体が、見せるための“ショウ”なのだ。」

第10章　外部を消費し尽くした果てに

GAFAの時代。デジタルマーケット分析企業CEOのスコット・ギャロ

ウェイが、巨大なプラットフォーマーたちの富の稼ぎ方を斬る。

「技術による独裁が生まれ、もはや巨大になりすぎた。

ビッグ・テックの利益が増えれば増えるほど中産階級の賃金が横ばいか減少してしまう。

アメリカ社会は300万人の地主のために3.5億人の奴隷が仕えているようなものだ。

それが 我々が生きたい社会なのだろうか。」

第11章　“差異”果ての光景

人類の行方を思索する歴史家のユヴァル・ノア・ハラリが貨幣の未来に警鐘を鳴らす。

「未来の社会では、通貨が消えてしまうかもしれません。

データが交換手段となることを前提とした、新しい経済制度を設計しなければなりません。

歴史には人間の欲望の絶え間なく続く膨張しか見られないのです。

欲望を満たすとすぐに新しい欲望が生まれます。

そのおかげで 私たちは石器時代と比べ何千倍もの大きな力を得たのですが、より満足し、より幸福を感じているわけではありません。」

最終章　欲望に拮抗する言葉

最後に岩井が語る、貨幣の、もう一つの意義。

「貨幣は、本来人間を匿名にするんです。

これが貨幣のもっとも重要なところなんですね。

そこでは人間は自由なんですね。

ほかの人に評価されない、自分自身の領域を持っているということが人間の自由なんですね。

自分で自分の目的を決定できる存在……、これが人間の尊厳の根源になるんです。」

さらに、この概念を明晰に語っていた歴史上の巨人は……？

この欲望の資本主義の時代に、希望を託す言葉とは……？

語り
新井麻希
テーマ曲
三宅純
Lillies of the valley
声の出演
宮園拓夢

映像提供
米国立公文書館
ロイター

撮影
岸正浩　松井美喜夫
音声
飯島弘明
照明
佐藤才輔
映像技術
清野一彦
CG制作
丹羽直樹
音響効果
佐藤新之介

取材
中村美奈子　髙村安以
ディレクター
山本充宏　大西隼
プロデューサー
高橋才也
制作統括
稲毛重行　丸山俊一

制作協力
テレビマンユニオン
制作
NHKエンタープライズ
制作著作
NHK

【著者紹介】
丸山俊一（まるやま　しゅんいち）
NHKエンタープライズ　制作本部番組開発　エグゼクティブ・プロデューサー
1962年長野県松本市生まれ。慶應義塾大学経済学部卒業後、NHK入局。ディレクターとして様々な教養番組、ドキュメンタリーを手掛ける。「英語でしゃべらナイト」「爆笑問題のニッポンの教養」「ソクラテスの人事」「仕事ハッケン伝」「ニッポン戦後サブカルチャー史」「ニッポンのジレンマ」などの企画を開発、プロデュース。現在も「欲望の資本主義」「人間ってナンだ?超AI入門」「地球タクシー」「ネコメンタリー　猫も、杓子も。」他、時代の潮流を捉えた異色の教養番組を企画、制作し続ける。著書に『結論は出さなくていい』（光文社新書）、『14歳からの資本主義』『すべての仕事は肯定から始まる』（以上、大和書房）、制作班などとの共著に『欲望の資本主義1～3』（東洋経済新報社）、『マルクス・ガブリエル　欲望の時代を哲学する』『AI以後――変貌するテクノロジーの危機と希望』（以上、NHK出版新書）、『欲望の民主主義』（幻冬舎新書）など。東京藝術大学客員教授、早稲田大学非常勤講師も兼務。

岩井克人「欲望の貨幣論」を語る
2020年3月5日発行

著　者――丸山俊一＋NHK「欲望の資本主義」制作班
発行者――駒橋憲一
発行所――東洋経済新報社
〒103-8345　東京都中央区日本橋本石町1-2-1
電話＝東洋経済コールセンター　03(6386)1040
https://toyokeizai.net/

装　丁…………橋爪朋世
帯写真…………今井康一
ＤＴＰ…………アイランドコレクション
印　刷…………東港出版印刷
製　本…………積信堂
編集協力………岩本宣明
編集担当………渡辺智顕
Printed in Japan　ISBN 978-4-492-37124-4